Françoise Lemoine

L'économie de la Chine

QUATRIÈME ÉDITION

La Découverte
9 *bis*, rue Abel-Hovelacque
75013 Paris

Les trois premières éditions de cet ouvrage ont été publiées dans la même collection sous le titre *L'Économie chinoise.*

ISBN 10 : 2-7071-4933-0
ISBN 13 : 978-2-7071-4933-6

Introduction

Au début du XXIe siècle, la Chine émerge comme une nouvelle grande puissance économique sur la scène mondiale. En 2006, elle est devenue la quatrième économie du monde par son produit intérieur brut et la troisième puissance commerciale.

Depuis la fin des années 1970, la Chine a mis la modernisation de son économie au premier rang des priorités et elle a tout fait pour y parvenir : elle a abandonné progressivement le plan pour le marché, elle a mobilisé ses immenses ressources de main-d'œuvre et a ouvertement tiré parti de la mondialisation en devenant l'usine du monde. Un effort d'investissement considérable a été fait pour moderniser l'industrie et développer les infrastructures, employer une population active qui a doublé depuis vingt ans et atteint 770 millions de personnes. La productivité du travail a augmenté grâce à l'exode rural et à la mise en œuvre de nouvelles techniques de production et de gestion. La Chine a attiré des investissements étrangers massifs qui ont créé de nouvelles capacités de production dans les secteurs porteurs de la demande intérieure et internationale.

Le niveau de vie des Chinois s'est considérablement amélioré, même si la Chine est devenue une société très inégalitaire où un gouffre se creuse entre les riches et les pauvres. Le revenu moyen par habitant de la Chine la classe encore parmi les pays en développement et il est encore très loin de celui des pays riches, mais il est proche actuellement de celui de la Turquie et n'est pas très loin de celui de la Thaïlande.

La Chine est devenue une grande puissance par le poids du nombre avant d'être riche. Par là, son émergence actuelle se distingue de la montée en puissance du Japon dans les années 1950 et 1960. Le Japon était déjà un pays développé avec un revenu supérieur à la moyenne mondiale, alors qu'en Chine les transformations économiques et sociales, l'exode rural et l'urbanisation n'en sont encore qu'à leurs débuts.

Avec l'ouverture de la Chine, c'est plus de 100 millions de travailleurs industriels (deux fois plus que dans le G7) qui se trouvent intégrés à l'économie mondiale. Cela explique qu'elle soit devenue la plus grande plate-forme mondiale de production pour les entreprises à la recherche de sites de production à bas coûts. L'offre chinoise accentue la concurrence internationale, exerce une pression à la baisse sur le prix de nombre de produits manufacturés et pousse à une réorganisation des productions industrielles au plan mondial. Depuis 2002, les besoins en énergie et en matières premières liés à sa croissance économique pèsent sur l'équilibre des marchés mondiaux.

Le défi pour la Chine est désormais de passer de la croissance très rapide qu'elle a connue ces dernières années à un développement équilibré. Il lui faut pour cela réduire les lignes de fracture qui traversent l'économie et la société (entre paysans et citadins, entre riches et pauvres, entre la façade maritime et le reste du pays) ; recentrer la croissance sur la consommation intérieure et la rendre moins dépendante des marchés mondiaux ; ralentir sa consommation d'énergie et ménager un environnement déjà très dégradé.

Les scénarios à long terme indiquent que l'économie de la Chine devrait continuer à croître plus vite que l'économe mondiale. La Chine devrait être le moteur d'une évolution de l'économie mondiale qui sera de plus en plus marquée par l'élargissement de la place des grandes économies émergentes et le recul relatif des pays riches, qui garderont cependant leur rang dans la hiérarchie des revenus.

I / La voie chinoise de 1949 à 1978

L'absence de développement économique avant 1949

Le milieu du XIXe siècle a ouvert pour la Chine une période de déclin marquée par les désordres sociaux et la pénétration étrangère. Les traités inégaux forcent l'ouverture du pays : ports ouverts au commerce avec l'extérieur, concessions étrangères dans les grandes villes, cession de Hong Kong à l'Angleterre (1841), d'une partie de la Mandchourie à la Russie (1860) et de Taiwan au Japon (1895). La présence étrangère donne naissance à un vigoureux capitalisme moderne dans les villes côtières, avec des prolongements vers l'intérieur le long des fleuves et des voies ferrées. Une classe d'entrepreneurs chinois s'affirme et l'industrie progresse, essentiellement dans le textile et concentrée à Shanghai. L'industrie lourde se développe en Mandchourie sous l'occupation japonaise entre 1931 et 1945. Mais l'économie moderne reste circonscrite à quelques îlots dans un monde préindustriel. Les enclaves modernes n'ont aucun effet d'entraînement sur le reste du pays et, au contraire, la situation dans les campagnes ne cesse de se détériorer.

Les communistes chinois arrivent au pouvoir en octobre 1949 après avoir restauré l'unité politique du pays. L'Union soviétique leur fournit à la fois un modèle de développement et un appui économique considérable.

Le modèle soviétique

Mise en place de l'économie planifiée (1953-1957)

En 1949, les infrastructures et les capacités de production du pays sont en partie détruites et l'inflation fait rage. Le gouvernement entreprend la restauration de l'économie. Une des premières mesures économiques est la réforme agraire : la loi du 28 juin 1950 redistribue les terres entre les paysans de façon à assurer un minimum d'un sixième d'hectare par adulte. Dans les autres domaines, le programme économique fait, dans un premier temps, preuve de souplesse et de libéralisme, ménage la bourgeoisie urbaine appelée à œuvrer à la restauration de l'appareil industriel et commercial. En 1952, la plupart des principales productions dépassent celles des meilleures années d'avant guerre, alors même que l'intervention militaire chinoise en Corée à partir d'octobre 1950 distrait une partie des ressources du pays et freine certainement la remise sur pied de l'économie, d'autant que les pays occidentaux ont, par rétorsion, décidé l'embargo sur tout commerce avec Pékin.

Une fois l'économie restaurée, le choix des dirigeants chinois l'engage progressivement sur la voie toute tracée par l'influence que détient à l'époque la pensée économique soviétique. Celle-ci fournit à la fois des références idéologiques et des principes d'organisation. La collectivisation de l'agriculture progresse d'abord lentement, mais, en juillet 1955, Mao Tsé-toung précipite la formation des coopératives et, à la fin de 1956, la quasi-totalité de la paysannerie y est intégrée. Dans l'industrie, l'État étend rapidement sa mainmise et, à la fin de 1956, contrôle directement ou indirectement la quasi-totalité de la production. Seules deux grandes catégories d'entreprises subsistent : les entreprises publiques, qui dominent largement, et les entreprises collectives, dont les méthodes de gestion ne sont guère différentes, mais qui n'émargent pas au budget de l'État et sont généralement de petite taille et placées sous la tutelle d'autorités locales.

Parallèlement, les instruments d'une planification centralisée sont mis en place : commission d'État du Plan, bureau d'État des statistiques, ministères économiques spécialisés. Certes, par rapport au modèle soviétique, la planification reste rudimentaire, à l'image d'une économie essentiellement agricole et dont les productions industrielles sont encore peu diversifiées.

Le premier plan quinquennal

Ce plan couvre les années 1953-1957 et correspond à une période de croissance très rapide. La volonté de constituer une puissance économique complète et autonome dicte un effort considérable d'investissements affectés en priorité aux industries lourdes (mines, sidérurgie, constructions mécaniques). La production de l'industrie est multipliée par 2,3, celle du charbon par 2 (atteignant 130 millions de tonnes), celle de la fonte par 3 (5 millions de tonnes), celle de l'acier par 4 (5,4 millions).

L'aide économique et technique de l'URSS et des autres pays d'Europe de l'Est joue un rôle central dans la réalisation du premier plan quinquennal chinois. À partir de 1949, la Chine réoriente rapidement son commerce vers les pays communistes et, en 1957, elle effectue avec eux plus des deux tiers (avec l'URSS, plus de la moitié) de l'ensemble de ses échanges extérieurs. L'URSS livre des matériels qui représentent environ la moitié des dépenses d'équipement du pays au cours de ces cinq ans ; elle accorde, entre 1950 et 1954, des crédits qui couvrent environ un cinquième de ses ventes totales à la Chine, et une assistance technique massive.

Cependant, déséquilibres et goulets d'étranglement ont accompagné la croissance et, dès la fin du premier plan quinquennal, s'ouvre un débat sur la validité de la transposition en Chine du modèle soviétique. Les transferts de ressources du secteur agricole au secteur industriel sont contraints par le niveau de la production alimentaire qui atteint à peine le seuil de subsistance.

La rupture avec l'URSS

À partir de 1956, les dissensions s'enveniment entre l'URSS et la Chine. Celle-ci n'a jamais adhéré à la condamnation du stalinisme, énoncée par le vingtième Congrès du Parti communiste soviétique, ni admis la possibilité de coexistence pacifique avec les puissances impérialistes. Le rapprochement soviéto-américain, que couronnent les voyages de Nixon à Moscou et de

Khrouchtchev aux États-Unis en 1959, mine le soutien diplomatique et militaire que la Chine peut attendre de son allié ; aux yeux des dirigeants soviétiques, Pékin mène une politique aventuriste tant à l'intérieur (avec le « Grand Bond en avant » et les communes populaires lancées en 1958) qu'à l'extérieur (bombardement de l'île de Qemoi appartenant à Taiwan, incidents sur la frontière sino-indienne). En 1960, le désaccord éclate au grand jour et l'URSS rappelle ses techniciens en coopération en Chine ; en 1961, les échanges économiques et commerciaux s'effondrent, et la Chine rembourse par anticipation les prêts soviétiques. Pour l'économie chinoise, le choc est d'autant plus rude qu'elle traverse une grave crise consécutive à l'échec du Grand Bond en avant.

L'instabilité de la politique économique à partir de 1958

La fin du premier plan quinquennal ouvre une longue période d'instabilité pour l'économie chinoise. Sous l'impulsion de Mao Tsé-toung, les préoccupations idéologiques font irruption dans le débat économique et, à partir de 1958, les ambitions révolutionnaires du pouvoir tentent de briser les pesanteurs économiques et sociales du pays.

Le Grand Bond en avant et les années noires (1958-1961)

Le premier plan s'achève sur une impasse : l'état de l'agriculture limite la croissance industrielle qui, à son tour, ne peut absorber qu'une faible partie de la main-d'œuvre. L'implantation de grands complexes industriels révèle la faiblesse des infrastructures et des moyens de communication du pays ; la priorité aux industries lourdes fait trop peu de cas de la pénurie de capital et de la pléthore de main-d'œuvre. Mais, en 1958, le Grand Bond en avant et la création des communes populaires reflètent une même volonté de passer outre les contraintes sociales, techniques, économiques et financières.

Au début de 1958, les thèmes du Grand Bond sont lancés : libérer l'énergie des masses, émanciper les esprits, briser la bureaucratie, rejeter les modèles. Le huitième Congrès du Parti (en mai 1958) officialise les ambitions du Grand Bond

(« rattraper l'Angleterre en quinze ans »). En août 1958, Mao donne son feu vert au mouvement de constitution des communes populaires qui regroupent les coopératives agricoles.

Au cours de l'année 1958, l'explosion volontariste tient lieu de politique économique. Une fièvre de l'acier s'empare du pays et à la fin de l'année, 20 millions de paysans travaillent aux petites aciéries rurales ; dans l'industrie urbaine, les cadences effrénées sont de rigueur et la planification, au sens d'une mise en cohérence au niveau national des objectifs et des ressources, disparaît. Mais l'anarchie qui préside à toute l'activité économique fait bientôt sentir ses effets : la récolte céréalière chute de 30 % entre 1958 et 1960 et, malgré les premières importations de céréales en 1960, la famine et la sous-nutrition sévissent. Le coût humain de la crise qui suit le Grand Bond en avant est considérable : selon les autorités chinoises, 10 à 15 millions de personnes sont victimes de la famine entre 1959 et 1962 ; les démographes américains chiffrent au double les pertes en vies humaines et, y ajoutant les effets du déclin de la natalité consécutive à la dénutrition, estiment à 60 millions de personnes le coût démographique du désastre économique. La production industrielle elle aussi s'effondre en 1961 : l'agriculture ne lui fournit plus ni matières premières ni débouchés.

Une nouvelle politique économique, prudente et modérée, émerge du désastre des « années noires » (1959-1961). Il s'agit désormais de restaurer l'agriculture, de remettre à l'honneur les stimulants matériels, l'éducation scientifique et technique, les critères qualitatifs plus que quantitatifs dans l'appréciation des productions, de rétablir le système de planification. La production agricole retrouve en 1965 son niveau de 1960 ; en 1966, la Chine a entièrement remboursé sa dette à l'Union soviétique.

La Révolution culturelle (1966-1970)

La Révolution culturelle débute dès la fin de 1965 et conduit le pays au chaos dans le courant de l'année 1967. En mai 1966, au sommet du Parti, les éléments de gauche les plus radicaux appellent à une épuration du Parti de ses éléments bourgeois et à une transformation radicale de la société chinoise par la ferveur et les idéaux révolutionnaires et par la pensée de Mao Tsé-toung, véritable « bombe atomique spirituelle » ; bientôt, les « gardes rouges » (jeunes partisans de Mao) apparaissent, agents de la conquête du Parti par les partisans de la Révolution culturelle.

Les affrontements violents entre les comités du Parti et les gardes rouges se développent. Des foyers de guerre civile s'allument au cours de 1967 à Canton et dans le grand centre industriel de Wuhan. Bientôt, face à la désintégration qui menace le pays, les autorités suprêmes chargent l'armée de rétablir l'ordre et de prendre en tutelle l'ensemble des administrations. L'agitation s'apaise progressivement et l'appareil du Parti se reconstruit laborieusement à partir de 1969.

La Révolution culturelle n'a pas provoqué une crise économique comparable à celle qui a suivi l'échec du Grand Bond, notamment parce que l'agriculture en est restée à l'écart. Mais un nouveau coup a été porté à la stabilisation du système économique juste remis des dégâts du Grand Bond : l'administration économique centrale a été désorganisée et mise sur la touche. Les répercussions les plus durables viennent sans doute du gaspillage humain : l'enseignement supérieur aura manqué à près d'une génération : fermées en 1966, les universités ne recommencent à fonctionner que progressivement en 1970, et sur un programme limité où la politique prend une place primordiale.

Retour au calme

De 1970 à 1978, les convulsions politiques perdent de leur violence. Jusqu'en 1977 — pour les Chinois, d'ailleurs, la Révolution culturelle prend fin seulement en 1976 —, les tendances en faveur d'une politique économique pragmatique coexistent avec leur dénonciation par des courants « radicaux ». Dès 1975, Deng Xiaoping, qui est alors un des vice-présidents du Comité central du Parti, présente un rapport en vingt points qui plaide en faveur d'une gestion stricte des entreprises, du recours systématique aux technologies importées, de l'amélioration du niveau de vie.

En 1978, le nouveau Premier ministre Hua Guofeng annonce un nouveau départ de l'économie : le plan 1978-1985 prévoit un vigoureux développement de l'industrie (10 % par an) axé sur un énorme effort d'investissement, largement à l'aide d'importations d'équipements occidentaux.

Mais ce nouveau programme fait long feu. En décembre 1978, le plénum du Comité central lui substitue des objectifs plus modestes et des premières mesures de réforme économique.

La stratégie de développement

La mobilisation des ressources au profit de l'industrie

À travers le « Grand Bond en avant » puis la « Révolution culturelle », les ambitions de transformation de la société ont pris le pas en Chine sur les impératifs économiques. Cependant, la stratégie économique continue à emprunter ses priorités et ses ressorts au modèle stalinien d'industrialisation.

À travers les vicissitudes politiques, les principes d'organisation planifiée de l'économie perdurent et donnent à l'État la capacité de mobiliser les ressources et de les affecter aux secteurs prioritaires.

Les prix et les salaires dans les entreprises sont fixés administrativement. Le plan détermine l'allocation des ressources financières (investissement), matérielles (produits intermédiaires et biens d'équipement), humaines (la main-d'œuvre) entre les entreprises industrielles qui sont en majorité étatiques. Celles-ci sont de simples démembrements de l'appareil administratif, placées sous la tutelle des ministères sectoriels ou des bureaucraties locales, et remplissent les objectifs du plan avec les moyens qui leur sont impartis. Elles n'ont aucune autonomie de décision et versent l'intégralité de leurs bénéfices au budget de l'État. Celui-ci finance la quasi-totalité des investissements en capital fixe dans l'économie. Les échanges avec l'extérieur sont un monopole d'État, qui est exercé par un petit nombre de corporations spécialisées par secteurs. Le système bancaire se réduit à une monobanque, dont les agences assurent le contrôle de la comptabilité des entreprises et la conformité de leurs opérations avec le plan, octroient des crédits à court terme pour le règlement des opérations courantes.

L'État finance le développement industriel par des ponctions sur le monde rural. Malgré une politique qui, à partir de 1960, ne cesse guère d'afficher une priorité en faveur de l'agriculture, les prix relatifs continuent à sous-évaluer fortement et systématiquement les productions agricoles par rapport aux produits industriels ; ainsi, l'utilisation de produits industriels coûte très cher à l'agriculture, beaucoup plus cher en Chine que dans les autres pays. Le coût des *inputs* est tel que l'amélioration des rendements peut ne pas suffire à en rentabiliser l'utilisation et le désavantage subi par l'agriculture s'est amplifié du seul fait de l'accroissement des quantités qu'elle utilise. En revanche, l'industrie bénéficie des bas coûts des *inputs* agricoles (industrie textile) et des produits alimentaires qui permettent de maintenir le bas niveau des salaires. Sur toute la période maoïste, le ciseau des prix constitue le moyen essentiel d'extraire de l'agriculture de quoi financer la modernisation.

La Chine se singularise par des taux d'accumulation (part du produit intérieur brut — PIB — qui est consacrée à l'investissement) élevés, qui oscillent entre 25 % et 30 % alors que, dans la plupart des pays à revenu comparable, ils ne dépassent guère 20 %. L'effort d'investissement est canalisé vers l'extension d'un secteur industriel moderne. Dans le secteur public, plus de la moitié des investissements en capital fixe (c'est-à-dire en bâtiments, machines et gros équipements) vont à l'industrie, et presque exclusivement aux secteurs lourds. À côté de la construction de grands complexes, l'État encourage le développement des petites entreprises desservant les besoins locaux et utilisant les ressources locales en matières premières et en main-d'œuvre, des machines souvent de seconde main, des technologies frustes : c'est une des concrétisations du slogan maoïste « marcher sur ses deux jambes ».

L'exode rural est strictement contrôlé. Comme le pays ne pouvait assurer les dépenses d'infrastructures urbaines et les créations d'emplois qui auraient été nécessaires pour absorber le trop-plein de main-d'œuvre rurale, les autorités ont considéré que le sous-emploi dans les campagnes était un mal moindre que des cohortes de chômeurs dans les villes. L'organisation maoïste de l'économie rurale a été une façon de faire face à une main-d'œuvre pléthorique et des ressources financières réduites.

Les structures collectives (communes populaires, brigades et équipes de production) aident à dégager les ressources locales suppléant la faiblesse des investissements de l'État ; elles organisent la mobilisation de la main-d'œuvre pour les grands travaux d'infrastructures et de gigantesques chantiers.

Autosuffisance

L'autre volet de la politique agricole a résidé dans une planification des cultures axée sur la production prioritaire des céréales dans tout le pays. Cet objectif qui correspondait au souci obsédant de nourrir une population croissante allait à l'encontre d'une spécialisation régionale et visait l'autonomie alimentaire au niveau local comme national.

Les échanges extérieurs de la Chine restent au cours de cette période de faible ampleur, limités par les capacités d'exportation du pays. Une bonne partie des importations sert à desserrer la tension persistante de l'équilibre alimentaire. Trois grandes vagues d'acquisitions d'usines et de technologies occidentales, en phase avec le lancement de programmes d'investissements internes, ont lieu en 1963-1966, 1973-1974, et 1978. Avec le Japon, la Chine a des relations diplomatiques depuis 1972 et a signé un traité de paix et d'amitié en 1978 ; les États-Unis l'ont reconnue diplomatiquement en décembre 1978. Les accords de commerce et de coopération avec les pays occidentaux se multiplient. Pour financer ses achats, la Chine a décidé de recourir officiellement aux crédits occidentaux dont les offres dès lors affluent massivement.

Après la mort de Chou En-lai (Premier ministre) puis celle de Mao Tsé-toung (président du Parti) en 1976, les maoïstes héritent à la fois de la direction du gouvernement et de celle du Parti communiste. Mais ils sont progressivement évincés du pouvoir et, en décembre 1978, le Comité central du Parti amorce la démaoïsation de l'économie. Comme mot d'ordre, la « modernisation socialiste » supplante la « lutte des classes ». En même temps s'ouvre le procès de la stratégie économique suivie depuis vingt ans.

Un bilan : la Chine à la fin des années 1970

Au passif du bilan de la période maoïste s'inscrit la pauvreté qui est la caractéristique générale du pays à la fin des années 1970. L'échec majeur vient de la production agricole dont l'augmentation a suivi à peine la croissance démographique si bien que les disponibilités alimentaires par habitant ont stagné. En 1978, la ration journalière par habitant tourne autour de 2 000 calories, en dessous du seuil considéré comme suffisant (2 400). Les céréales forment 80 % de l'apport calorique et la consommation de viande est l'une des plus faibles du tiers monde (par personne et par an, 9 kg de viande et 3,5 kg de poisson). Une grande partie de la population vit en dessous du seuil de pauvreté et les enquêtes montrent que, encore en 1981, 25 millions ne mangent pas à leur faim.

La progression du revenu monétaire des ménages est faible (de l'ordre de 2,5 % par an en moyenne). À la campagne, les ressources distribuées en nature par les collectivités ont à peine augmenté et les revenus d'origine personnelle ont sans doute diminué. En ville, le salaire moyen réel a baissé et seule l'extension du travail féminin a assuré une certaine progression du revenu moyen par foyer.

La croissance économique d'ensemble a été, de 1952 à 1978, de 6 % par an selon les chiffres officiels, qui tendent à la surestimer, et sans doute plutôt de 4,4 % [Maddison, 1998]*. Cette croissance est cependant largement absorbée par la forte croissance démographique (+ 2 % par an) qui ramène la progression annuelle du PIB par tête à environ 2 %. La population chinoise est passée de 575 à 963 millions.

Pourtant, au cours de cette période, des progrès incontestables ont été réalisés, qui seront une des bases du décollage de l'économie après 1978. Entre 1952 et 1978, la croissance chinoise dépasse celle de nombre de pays en développement et notamment celle des pays d'Asie du Sud comme l'Inde ou le Pakistan. Si la consommation individuelle a peu progressé, les services collectifs, dans le domaine de la santé et de l'éducation, ont transformé les conditions de vie des Chinois.

Dans le domaine de la santé, la politique maoïste privilégie la prévention, une large diffusion des soins médicaux de base : programmes de vaccination, amélioration de l'environnement sanitaire (approvisionnement en eau potable). À la fin des années 1970, la Chine a un niveau d'équipement médical et une densité de professionnels de santé bien plus élevés que les autres pays à bas revenu. La quasi-totalité de la population est alors

* Les références entre crochets renvoient à la bibliographie en fin d'ouvrage.

DATE DE RETOUR

couverte par un système d'assurance sociale minimale [Banque mondiale, 1997]. Dans les campagnes, le système de coopérative médicale assure à la grande majorité des paysans une couverture de leurs frais médicaux ; les soins de base sont assurés par un million de médecins aux pieds nus ayant une formation rudimentaire. Dans les villes, le secteur d'État qui emploie les quatre cinquièmes des travailleurs prend en charge leurs frais médicaux.

Les progrès enregistrés en trente ans dans le domaine de la santé sont foudroyants : entre 1950 et 1980, l'espérance de vie passe de 40 ans à 66 ans ; le taux de mortalité infantile chute de 175 pour mille à 40 pour mille.

L'effort d'éducation a été centré sur la généralisation de l'enseignement primaire. L'analphabétisme recule mais touche encore un tiers de la population adulte au recensement de 1982. Les performances sont moins remarquables dans l'enseignement secondaire et supérieur, qui a été la cible de la Révolution culturelle. Toute une génération (160 millions de personnes), la « génération perdue », a subi les effets d'un enseignement où il valait mieux être rouge qu'expert. Cependant, à la fin des années 1970, l'ensemble du système éducatif a opéré un retour à la normale.

Structure de l'emploi et de la production
(en %)

	Emploi		PIB	
	1952	**1978**	**1952**	**1978**
Agriculture	84	71	50	28
Industrie et bâtiment	7	17	21	48
Services	9	12	29	24
Total	100	100	100	100

Source : *China Statistical Yearbook*, 2002.

Enfin, la Chine a jeté les bases de son appareil industriel en développant son industrie lourde (sidérurgie, chimie, énergie) et a semé les germes d'une petite industrie rurale qui connaîtra un extraordinaire foisonnement dans les années 1980. Au cours de cette période, l'industrie devient le secteur économique dominant et elle contribue en 1978 à près de la moitié de la production de biens et services. Mais l'industrie n'emploie qu'une faible fraction de la population active et la Chine reste un pays à dominante rurale.

Il reste que les progrès accomplis ont eu un coût humain très élevé et qu'en dépit des efforts imposés, la Chine n'a pas connu de véritable décollage économique. Dans les années 1970, l'écart se creuse entre la Chine et la première génération de « nouvelles économies industrielles » qui émerge en Asie. Taiwan, Hong Kong, la Corée du Sud, Singapour connaissent une progression extrêmement rapide de leur production et de leur niveau de vie (des taux de croissance par tête de l'ordre de 6 % par an). La réussite de ce modèle et la volonté de rattraper ces « dragons » sont l'arrière-plan du changement de stratégie économique en Chine à partir de 1978.

II / Vers l'économie de marché

Une longue marche

À partir des années 1980, l'économie chinoise sort progressivement du système planifié. Les réformes lancées en 1978 ne procèdent pas d'un schéma d'ensemble, au départ elles ont seulement l'ambition de stimuler la production et la productivité. Mais, entraînées par leurs succès, elles se propagent progressivement et un quart de siècle après le début des réformes, le système économique chinois a radicalement changé. Cependant, la transition est loin d'être achevée. Après une première phase marquée par la décentralisation économique et financière, la Chine a entrepris depuis le milieu des années 1990 de se doter des institutions et des instruments de régulation nécessaires à une économie de marché.

La phase initiale des réformes (1978-1984)

En décembre 1978, le Comité central du Parti communiste donne le feu vert à la décollectivisation agricole. Le démantèlement des structures collectives et le retour à l'exploitation familiale des terres se propagent comme une traînée de poudre. Dans l'industrie, les mesures prises ont pour objectif d'améliorer le système en place, sans le remettre en cause : elles rétablissent le profit comme critère de gestion dans les entreprises et les primes de rendement pour les salariés. L'ouverture sur l'extérieur est circonscrite à des régions « pilotes » dans le sud du pays (province de Guangdong) à l'écart des grands pôles industriels.

À ce stade, les réformes apparaissent comme ambiguës, éminemment fragiles et réversibles.

Un système économique dualiste (1984-1989)

Les effets positifs de ces réformes sur l'agriculture conduisent les autorités à leur donner une ampleur nouvelle. En octobre 1984, le Comité central du Parti prône un système mixte où coexistent plan et marché. Il amorce la libéralisation des prix, la décentralisation du commerce extérieur, l'élargissement de l'autonomie des entreprises. L'objectif est une planification souple et indicative, garantissant les équilibres d'ensemble et utilisant les moyens de régulation macroéconomique (crédit, fiscalité). En 1987, le treizième Congrès du Parti invoque un concept nouveau, le « stade initial du socialisme », pour justifier ce qui prend l'allure d'un retour au capitalisme.

La planification recule et la sphère d'économie marchande s'étend si bien qu'à la fin des années 1980, l'économie fonctionne sous un double régime. Deux structures de prix coexistent, y compris à l'intérieur des grandes entreprises dont la majeure partie des ventes et approvisionnements est encore planifiée ; les autres entreprises font l'essentiel de leurs opérations dans le circuit marchand. Ce double système évite à la Chine le choc d'une libéralisation brutale, mais il s'accompagne de multiples fuites d'un circuit à l'autre. Les tensions inflationnistes du milieu des années 1980 portent à l'extrême les distorsions entre prix libres et prix planifiés. Les trafics se multiplient, la spéculation et la corruption prennent une ampleur sans précédent et forment la toile de fond des événements de juin 1989. Les manifestations qui ont lieu à partir de la fin mai, à Pékin et dans quelques grandes villes, pour dénoncer le régime et sa corruption sont réprimées par l'armée les 4 et 5 juin.

En dix ans, la libéralisation de l'économie a progressé mais de façon mal contrôlée et les méthodes autoritaires de planification ont disparu sans que les instruments nécessaires à la régulation d'une économie de marché fonctionnent.

Le gel des réformes (1989-1991)

Dès l'automne 1988, pour lutter contre l'inflation, le gouvernement gèle les réformes et rétablit le contrôle des prix. Après la crise de juin 1989, ces mesures se doublent d'un discours idéologique et d'un durcissement politique qui remettent en cause les transformations économiques engagées depuis dix ans.

Les réformes marquent alors un temps d'arrêt mais les transformations engagées se révèlent, en fin de compte, irréversibles. Le monde rural, les pouvoirs locaux, et notamment ceux des régions côtières, qui ont acquis une importante marge de manœuvre économique et financière, opposent une vigoureuse résistance à un retour en arrière. À la fin de 1991, l'effondrement du communisme en URSS porte un coup fatal aux conservateurs car il achève de persuader les dirigeants que la légitimité du pouvoir en Chine repose sur l'essor économique et l'amélioration du niveau de vie de la population. Au Comité central de novembre 1991, le rapport de forces politique a évolué en faveur des réformateurs.

Vers l'« économie socialiste de marché »

En janvier 1992, Deng Xiaoping, lors d'un déplacement en Chine du Sud, donne le coup d'envoi officiel à la relance des réformes et, à l'automne, le quatorzième Congrès du Parti leur assigne un nouveau but : l'« économie socialiste de marché ».

La libéralisation des prix s'accélère et les prix libres gagnent du terrain (fin 1992, ils concernent 80 % du commerce de gros et de détail). En novembre 1993, le Comité central du Parti relance la réforme des entreprises d'État et prévoit la diversification des formes de propriété, tout en réaffirmant le rôle principal du secteur public. En 1994, des réformes institutionnelles visent à mettent en place un véritable système bancaire, un système fiscal, un régime de change.

Enfin, l'entrée dans l'OMC en décembre 2001 ouvre plus largement la Chine à la concurrence internationale et constitue un moyen pour les dirigeants de maintenir la dynamique des réformes, alors même que les coûts sociaux des changements apparaissent. La modernisation des entreprises publiques et de l'appareil d'État fait des « perdants » et apparaît plus difficile à mettre en œuvre que les mesures de libéralisation et de décentralisation des étapes précédentes.

La transformation de l'économie rurale

Le retour à l'exploitation familiale

Entre 1979 et 1983 s'opère dans les campagnes une révolution silencieuse [Aubert *et al.*, 1996]. Dès 1978 apparaissent dans certaines provinces pauvres des « contrats de responsabilité » entre l'administration rurale et les foyers paysans ou des groupes de familles. Le principe est que ceux-ci s'engagent à livrer à l'État une quantité forfaitaire de produits et disposent librement du reste. Ces expériences se généralisent rapidement à l'ensemble du pays et, à la fin de 1984, plus de 95 % des familles paysannes travaillent dans le cadre de contrats d'exploitation familiale des terres, qui restent propriété collective mais sont réparties entre foyers au moment de la conclusion des contrats (leur période sera portée progressivement de trois à trente ans).

En même temps, l'État relève fortement les prix auxquels il achète aux paysans la vingtaine de produits dits « essentiels », notamment les céréales. Entre 1979 et 1981, ces prix augmentent de près de 40 %. Ces hausses ne sont que très partiellement répercutées sur les prix de détail et le budget de l'État couvre l'écart entre les prix à la production et ceux à la consommation. Au début des années 1980, les subventions aux prix agricoles représentent environ un quart du budget national et y creusent un déficit. La contribution de l'agriculture au financement du développement industriel a ainsi fondu comme neige au soleil.

À la suite de l'abolition du monopole d'État sur les céréales en 1982 et sur la quasi-totalité des produits agricoles après 1985, les marchés libres prennent de l'essor. Les coopératives de vente sont revitalisées, le commerce privé sur longue distance est autorisé en 1981 et les circuits de distribution se diversifient. Les autorités prennent des dispositions en faveur de la spécialisation des terroirs et de la diversification des cultures. Encouragées par les autorités, les activités non agricoles, dans l'industrie, les transports, le commerce, se développent rapidement et emploient la main-d'œuvre libérée par les nouvelles conditions de production agricole. Les entreprises existant dans le cadre des communes populaires se transforment et augmentent leur production, de nouvelles entreprises collectives se créent et les entreprises privées se multiplient.

À partir d'octobre 1983, les communes populaires sont démantelées et laissent place progressivement à des organes d'administration locale : les gouvernements de cantons et les comités de villages, ces derniers élus par la population.

Les difficultés de stabilisation de la politique agricole

Dans la première moitié des années 1980, la politique à l'égard des grands produits agricoles (coton, céréales, oléagineux) s'appuie sur un double système de prix : prix administrés pour les livraisons obligatoires à l'État et prix du marché. À partir de 1985, l'État fixe le volume maximal acheté à prix garanti, le reste étant commercialisé aux prix du marché. L'essor des productions et de la spéculation (les stocks atteignent vers 1995 une année de production) a pour effet de faire chuter les prix du marché au-dessous des prix garantis en 1997. Après avoir tenté de soutenir les prix en 1998, l'État se résout à libéraliser le commerce des céréales : en 2004, il est complètement ouvert à la concurrence, les prix administrés et les quotas sont supprimés. La baisse des productions et l'épuisement des stocks provoquent une forte hausse des prix en 2004.

Il n'y a donc pas de système efficace de régulation des prix et des productions agricoles. Le problème est aggravé par le manque d'intégration du marché intérieur et l'insuffisance des moyens de transport qui font que certaines régions accumulent des stocks et alors que d'autres importent [Aubert, *in* Attané, 2002].

La crise du monde rural

Jusqu'au milieu des années 1980, le niveau de vie des paysans s'améliore rapidement et l'écart avec celui des citadins diminue. Puis cette convergence disparaît : les revenus réels des paysans stagnent et leur niveau de vie se dégrade par rapport à celui des citadins. La rentabilité des cultures céréalières diminue et les paysans qui le peuvent se détournent des céréales au profit d'autres activités agricoles plus lucratives. De plus, la pression fiscale sur les paysans s'alourdit. Les autorités locales multiplient taxes et surtaxes pour assurer les services sociaux et les dépenses d'infrastructures, qui sont à la charge des finances locales, souvent mal gérées, voire dilapidées. Les campagnes souffrent d'investissements insuffisants dans les infrastructures et les techniques agricoles. Dans les régions pauvres, les moyens manquent, dans les régions riches, les ressources s'investissent de préférence dans les activités non agricoles.

Les exploitations paysannes survivent grâce aux revenus non agricoles, qui représentent la moitié des revenus nets des paysans et les deux tiers de leurs revenus monétaires nets. Ils tirent ces revenus des emplois offerts par les industries rurales, et de plus en plus de l'émigration vers les villes [*Revue Tiers-Monde*, 2005].

L'exploitation familiale ne s'est pas accompagnée de la reconnaissance de droits de propriété privée sur les terres. Il n'existe pas de marché foncier officiel, même si les droits d'utilisation du sol peuvent être cédés temporairement entre foyers paysans. Ce système a pour avantage d'assurer une répartition relativement égalitaire des terres. Alors que la mobilité croissante de la population rurale fait de beaucoup de paysans des fermiers à temps partiel, le maintien de ce système a aussi pour effet de leur assurer un filet de sécurité en l'absence de couverture sociale : les émigrants temporaires gardent leurs droits sur les terres et peuvent revenir au village en cas de nécessité.

Cependant, la question du droit de propriété sur la terre prend de l'acuité. La propriété collective des terres prive les paysans d'un capital et confère aux autorités locales le droit de saisir leurs terres (le plus souvent avec une indemnisation dérisoire) pour mener à bien des opérations immobilières et industrielles. Ces pratiques spéculatives qui se développent à la périphérie des grandes villes suscitent de plus en plus de mécontentement chez les paysans.

Depuis 2004, les programmes du gouvernement, et notamment le plan 2006-2010, affichent des priorités en faveur des productions agricoles et des revenus paysans. L'obstacle structurel majeur à l'amélioration de leur condition est la surpopulation agricole, et il ne pourra être levé que progressivement puisque les autorités entendent maîtriser l'exode rural afin de pouvoir en gérer les conséquences économiques et sociales.

Entreprises : le désengagement de l'État

La difficile réforme des entreprises d'État

En 1980, les entreprises d'État acquièrent le droit de conserver une partie de leurs bénéfices et de financer ainsi des investissements courants et des primes pour leurs salariés. En 1983-1984, le versement au budget de l'État est remplacé par un impôt progressif sur les bénéfices. En contrepartie, les entreprises d'État doivent désormais financer leurs investissements sur crédits bancaires, remboursables et porteurs d'intérêt, et non plus sur dotations budgétaires gratuites.

Les entreprises reçoivent moins d'objectifs planifiés obligatoires et elles ont la possibilité de produire « hors plan » et à prix plus élevés. L'augmentation des productions est ainsi une formidable incitation à sortir « par le haut » du système planifié [Naughton, 1996].

Au milieu des années 1980, afin de garantir les rentrées fiscales, les autorités ont généralisé des contrats de responsabilité passés entre les entreprises d'État et leurs administrations de tutelle, qui définissent notamment les obligations des entreprises en matière de contributions au budget de l'État. Ce système, qui maintient les entreprises sous la coupe des autorités locales, a été abandonné au début les années 1990, mais cet intermède révèle la difficulté de couper les liens organiques entre les entreprises et les administrations.

Pour assurer l'autonomie des entreprises tout en garantissant les droits de l'État propriétaire, les bureaux administratifs provinciaux et locaux qui ont la tutelle des entreprises d'État ont été transformés en sociétés de gestion des actifs d'État. Ces sociétés ont mené à bien la politique gouvernementale de réduction des effectifs des entreprises dans les années 1990, mais elles ont entretenu la confusion entre pratiques administratives et objectifs économiques.

Au cours des années 1990, les entreprises d'État dans l'industrie ne résistent pas à la concurrence qui s'intensifie sur le marché. Mieux équipées en capital et dotées d'une main-d'œuvre plus qualifiée, elles ont une productivité plus faible que les autres et leurs résultats financiers se détériorent. En 1998, près de la moitié des entreprises d'État tournent à perte et ne survivent que grâce à des crédits bancaires, des subventions budgétaires, des retards d'impôts.

Ces mauvais résultats tiennent en partie à ce que beaucoup de ces entreprises appartiennent à des industries en déclin et qu'elles ont aussi hérité de fonctions sociales très larges, comme la protection sociale et le logement de leurs employés, progressivement transférées aux municipalités ou privatisées. Leur mode de gestion est aussi en cause. Les entreprises d'État échappent à une discipline financière stricte et les interférences administratives et politiques dans les processus de décision contribuent à diluer les responsabilités. En l'absence de droits de propriété bien établis, il n'est pas rare que les actifs rentables des entreprises d'État soient transférés à des filiales, collectives ou privées, et que la maison mère conserve seulement les activités déficitaires et les dettes. La privatisation des profits et la socialisation des pertes du secteur d'État constituent un phénomène qui a pris une ampleur difficile à mesurer, mais l'administration chinoise estime qu'entre 1990 et 1995, l'équivalent d'un dixième des recettes budgétaires par an aurait été ainsi dilapidé.

Vers la privatisation

Dans ce contexte, la volonté de désengagement de l'État s'est affirmée de plus en plus, sans que le terme de privatisation soit officiellement mentionné. Dès 1993, le Parti décide que la Chine doit se doter d'un « système moderne d'entreprises » et que les entreprises d'État doivent être transformées en sociétés. La loi sur les sociétés qui entre en vigueur au janvier 1994 établit les statuts de sociétés à responsabilité limitée et de sociétés anonymes. Le changement de statut rend possible l'ouverture de leur capital et, en 1997, le quinzième Congrès du Parti déclare que l'État doit se désengager du capital du secteur d'État et ne garder une position dominante que dans un nombre limité de secteurs stratégiques (monopoles naturels, hautes technologies).

Depuis 1995, la politique du gouvernement à l'égard des entreprises d'État a été de « se débarrasser des petites et de reprendre en main les grandes ». La « petite privatisation » a progressé rapidement. Les petites entreprises les plus inefficaces sont fermées, les autres fusionnées ou privatisées. Les autorités locales contrôlent intégralement ce processus de privatisation, de l'évaluation des actifs aux procédures d'attribution. Les entreprises qui sont vendues au personnel se retrouvent souvent aux mains de leurs dirigeants et des cadres locaux, d'autres sont cédées directement à des investisseurs extérieurs.

La transformation des grandes et moyennes entreprises d'État avance plus lentement. Dans la plupart de celles qui sont transformées en sociétés, et même dans celles cotées en Bourse, le capital reste le plus souvent entièrement ou majoritairement étatique.

En 1998, les ministères sectoriels ont été supprimés et, en 2004, une Commission de surveillance et d'administration des actifs d'État (SASAC en anglais) est créée pour exercer les droits de l'État propriétaire à l'égard des plus grandes entreprises d'État. Cette commission décide des orientations stratégiques, notamment en matière de fusion et acquisition, d'investissement à l'étranger ; elle nomme les dirigeants, organise le contrôle et le suivi des résultats d'environ deux cents grandes entreprises. Le sort des autres entreprises d'État est laissé à la discrétion des autorités locales.

La contraction du secteur d'État

	1978	1995	2004
Effectifs employés dans les entreprises d'État			
– en millions	75	113	67
– en % du total des travailleurs urbains	78	60	25
Effectifs employés dans les entreprises industrielles d'État			
– en millions	25	40	10
– en % du total des travailleurs dans l'industrie urbaine	80	66	32

Source : China Statistical Yearbook, différentes éditions.

Pour des raisons idéologiques, politiques, sociales la marche vers la privatisation a été très lente, mais, en un quart de siècle, le secteur d'État a perdu sa prééminence dans l'économie. Le nombre des entreprises d'État ou contrôlées par l'État a diminué de moitié depuis 1995 pour tomber à 150 000 en 2003. Elles ont perdu en tout près de 50 millions d'emplois, dont 20 millions dans l'industrie urbaine. Elles n'assurent plus qu'environ un tiers du PIB non agricole. Le recul dans l'économie s'explique plus encore par l'essor de nouvelles entreprises privées que par les privatisations.

La montée du secteur privé

La reconnaissance du secteur privé comme composante à part entière de l'économie a pris du temps. La Constitution de 1982 reconnaît les entreprises individuelles (moins de huit employés) comme *complément* au secteur d'État, mais c'est seulement la révision constitutionnelle de 1999 qui reconnaît les entreprises privées comme une composante importante de l'économie, et celle de 2004 qui assure l'inviolabilité de la propriété privée (à condition qu'elle ait été acquise légalement). En pratique comme en droit, il reste une discrimination à l'encontre des entreprises privées à qui, par exemple, sont restés longtemps interdits certains secteurs d'activité (infrastructures, la distribution d'eau et d'électricité, la construction automobile), alors même que ceux-ci étaient ouverts à des investisseurs étrangers.

Les entreprises privées ont donc commencé à émerger hors de tout cadre légal. C'est seulement en juillet 1988 que les statuts légaux des entreprises privées sont établis et lèvent les limitations sur le nombre d'employés et sur la transmission par héritage. La classification chinoise fait toujours la distinction entre les entreprises *individuelles*, de moins de huit employés, et les entreprises *privées*, qui en ont plus. La grande masse des entreprises privées est constituée d'entreprises individuelles, familiales, qui assurent plus de la moitié des emplois du secteur privé hors de l'agriculture.

Les sociétés à capital étranger forment une partie dynamique du secteur non étatique. Elles prennent la forme de sociétés à capital mixte ou d'entreprises à capital totalement étranger.

On a une meilleure appréciation des périmètres respectifs du secteur privé et du secteur d'État grâce à une étude qui analyse les entreprises en fonction de la nature du contrôle sur le capital [OCDE, 2005a] et au recensement des activités économiques réalisé en 2004, qui a été beaucoup plus complet que les précédents et a mis au jour tout un pan d'activités informelles jusque-là non répertoriées.

Il en ressort que le secteur privé a désormais pris un rôle dominant dans l'activité économique. Il assure environ les deux tiers du PIB en 2003-2004. Il contribue pour plus de la moitié à la production de services, et pour les trois quarts à l'activité du commerce et du bâtiment. Il joue aussi un rôle prépondérant dans l'industrie (60 % de la production) où les entreprises à majorité étrangère représentent un tiers de la production industrielle du secteur privé.

Poids du secteur privé dans la production des différents secteurs
(estimation, en %)

	1998	2003*
Agriculture	96	96
Industrie	48	61
Bâtiment	49	76
Services	26	56
PIB total	50	68

* Compte tenu de la révision du PIB.

Sources : OCDE [2005a] et Bureau national des statistiques.

Les frontières restent cependant souvent floues entre le secteur d'État et le secteur privé. La transition chinoise se caractérise par un régime incertain des droits de propriété et la non-concordance entre statut juridique et mode de gestion. Certaines entreprises privées ont choisi d'être enregistrées comme collectives (les « chapeaux rouges ») pour être à l'abri des discriminations et ne rejoignent le secteur privé qu'au fur et à mesure que ces discriminations s'estompent. D'une manière générale, une entreprise privée ne peut se développer sans le soutien des autorités politiques. Par ailleurs, de grandes entreprises à capital majoritairement d'État sont de fait gérées comme des entreprises capitalistes privées.

La construction d'un système bancaire

Le besoin d'intermédiation

Un des effets des réformes a été une redistribution des ressources financières. Au cours des années 1980, sous l'effet de la monétarisation de l'économie et de la hausse des revenus, l'épargne financière des ménages a augmenté rapidement, et leurs dépôts bancaires passent de 5 % du PIB en 1978 à 37 % en 1990 et à 87 % en 2004. Dans le même temps, la capacité de financement du budget de l'État s'effondre (voir ci-dessous). Pour prendre en charge le recyclage de l'épargne intérieure et financer les investissements des entreprises, il faut créer un véritable système bancaire.

En 1983, la monobanque est transformée en un système bancaire à deux niveaux : la Banque centrale (Banque populaire de Chine) chargée des seules fonctions macroéconomiques (taux d'intérêt, politique de crédit) et les banques de second rang : la Banque de l'agriculture, la Banque industrielle et commerciale, la Banque de Chine et la Banque de la construction sont les quatre grandes banques d'État, initialement spécialisées, mais qui, à partir de 1986, sont autorisées à se concurrencer dans les différents domaines.

De nouvelles banques se créent ainsi que des institutions financières non bancaires, le plus souvent à l'initiative des autorités locales. Plus encore que dans l'industrie, le gouvernement a limité le développement d'un secteur privé afin de conserver ce levier majeur de pouvoir : il existe une seule banque privée chinoise. D'importants circuits informels de capitaux se sont développés pour contourner ces limitations et financer les petites entreprises privées.

La réforme de 1994 a renforcé l'autorité de la Banque centrale et notamment sa capacité à faire respecter sa politique macroéconomique face aux autorités locales, qui poussent souvent au dépassement des plans de crédit, mais elle la laisse sous la dépendance du gouvernement. Un comité de politique monétaire, nommé pour six ans par le gouvernement, a seule autorité sur la politique de la Banque ; les avances pour financer le déficit budgétaire sont limitées à 10 % des recettes fiscales. La réorganisation administrative régionale de la Banque centrale remplace les trente-deux succursales provinciales par neuf succursales régionales regroupant plusieurs provinces.

La loi bancaire de 1995 a transformé les quatre grandes banques d'État en banques commerciales, responsables de leurs profits et pertes, et qui sont appelées à appliquer les normes prudentielles internationales. Elle a créé trois banques de développement (*policy banks*) pour financer les projets gouvernementaux qui ne sont plus pris en charge par les banques commerciales : la Banque de développement agricole, la Banque de développement, la Banque d'import-export. Actuellement, le système bancaire se compose des quatre grandes banques d'État, des trois banques de développement, d'une douzaine de banques commerciales à couverture nationale et de nombreuses banques de place (*city banks*), de coopératives de crédit rurales et urbaines, et des filiales de banques étrangères.

Force et fragilité des banques

Le système bancaire chinois dispose de liquidités abondantes grâce aux dépôts d'épargne des ménages ; cette épargne est largement captive faute de placements alternatifs. Les quatre banques d'État ont encore une position dominante, avec plus de la moitié de l'ensemble des dépôts et crédits en 2004, mais elles ont perdu des parts de marché au profit des autres institutions. Les banques d'État continuent à financer surtout les entreprises publiques, qui sont présumées avoir la garantie implicite de l'État, et elles contribuent relativement peu au financement du secteur privé qui est pourtant la partie la plus dynamique de l'économie. Dans les années 1990, leur politique de prêts à des entreprises d'État, dont beaucoup étaient en situation précaire, a abouti à une accumulation massive de créances douteuses, c'est-à-dire non remboursées ou dont le remboursement est incertain.

Les autorités chinoises ont dû procéder à de coûteuses opérations de sauvetage des grandes banques d'État. Entre 1998 et 2005, l'État (le ministère des Finances et la Banque centrale) a consacré l'équivalent de 430 milliards de dollars, soit près de 30 % du PIB du pays, à recapitaliser ces banques et à les débarrasser de leurs créances douteuses. Compte tenu de ce qui reste à faire, la facture totale devrait approcher 600 milliards de dollars, soit 40 % du PIB chinois [Revue d'économie financière, 2005].

Certes, le bilan des grandes banques en a été considérablement amélioré. Les créances douteuses représentaient moins de 10 % de l'encours de leurs prêts en juin 2005, contre 26 % encore en 2002. Mais il n'est pas sûr que cette amélioration soit durable. Depuis 2003, les banques ont accordé massivement de nouveaux prêts pour financer des investissements industriels et immobiliers, et une nouvelle augmentation des défauts et retards de paiement risque d'apparaître dans les années qui viennent.

Les investisseurs étrangers au secours des banques chinoises

Les taux d'intérêt ont été progressivement libéralisés et les taux d'intérêt sur les prêts ont été totalement déplafonnés depuis octobre 2004. Cela devrait permettre aux banques de différencier les conditions de crédit en fonction du risque et faciliter le financement des entreprises privées. Il reste que celles-ci ont une gestion souvent opaque qui ne facilite pas l'appréciation de leur solvabilité, et que les banques d'État sont loin d'avoir acquis la culture de gestion des risques qui est celle des banques en économie de marché.

Pour apporter aux banques chinoises les capitaux, l'expertise et la formation dont elles ont besoin, le gouvernement compte désormais sur les investisseurs étrangers. Depuis 2002, les sociétés étrangères ont le droit de prendre une participation directe dans les banques chinoises, à hauteur de 25 % du capital (20 % pour un même actionnaire) et, fin 2005, elles y avaient investi plus de 20 milliards de dollars. Les investisseurs étrangers ont pris des participations directes dans les grandes banques d'État (sauf la Banque de l'agriculture), dans une quinzaine d'autres banques et leur liste ne cesse de s'allonger. En juin 2005, la Banque des communications, cinquième banque chinoise, a été introduite à la Bourse de Hong Kong, et les actionnaires étrangers détiennent sans doute plus de 30 % de son capital. La Banque de la construction a aussi fait son entrée à la Bourse de Hong Kong en octobre 2005 et a levé 9 milliards de dollars, et la Banque de Chine l'a suivie en 2006 pour un montant analogue.

Ces grandes manœuvres, du côté chinois et du côté des banques étrangères, s'expliquent par le fait qu'en janvier 2007, la plupart des restrictions à l'activité des banques étrangères en Chine sont vouées à disparaître, conformément aux engagements pris par la Chine en entrant à l'OMC. Pour les banques étrangères, attirées par les énormes réserves d'épargne et la croissance économique exceptionnelle du pays, investir dans une banque locale est un ticket d'entrée sur le marché, qui apporte l'accès à un réseau et à des ressources en monnaie locale. Quant aux banques chinoises, elles ont besoin de ces investisseurs stratégiques pour se préparer à faire face à la concurrence à partir de 2007. Le gouvernement chinois cède donc une partie de son contrôle sur les banques en échange de la mise à niveau de ce secteur, du point de vue notamment du contrôle des risques et de l'offre de produits. Mais l'opacité des comptes des banques chinoises et des règles de gouvernance actuelles, et le caractère très minoritaire de la participation autorisée font des investissements des banques étrangères un véritable pari, où elles peuvent tout aussi bien recueillir un pactole que perdre la totalité des fonds investis.

Des marchés boursiers immatures

Une Bourse de valeurs a été ouverte à Shanghai en 1990 et à Shenzhen en 1991. L'activité des Bourses a connu une rapide progression à la fin des années 1990 et un ralentissement depuis 2001. En 2004, la capitalisation boursière atteint 450 milliards de dollars, ce qui placerait les Bourses chinoises au douzième rang mondial, mais la majeure partie des actions appartient à l'État et à des investisseurs publics institutionnels et n'est pas librement échangeable. En septembre 2005, une réforme a été amorcée pour rendre échangeables la totalité des actions. Les cours boursiers sont loin d'avoir suivi la croissance de l'économie chinoise ces cinq dernières années et la capitalisation boursière des actions échangeables représentait seulement 6 % du PIB en 2005.

Le marché est en outre segmenté : le plus important compartiment (plus de 90 % de la capitalisation) est constitué par les actions en monnaie locale détenues par des actionnaires nationaux (dites actions A) ; l'autre compartiment est constitué par des actions en devises (actions B) et était réservé aux investisseurs étrangers, mais est, depuis 2001, ouvert aux investisseurs chinois disposant de devises. Jusqu'ici, les Bourses chinoises ont donc été peu ouvertes aux investisseurs étrangers et la décision prise en 2002 d'autoriser les investisseurs étrangers à acquérir des parts dans les sociétés publiques cotées a amorcé un changement. Mais les Bourses chinoises souffrent de déficiences majeures : des réglementations insuffisantes, notamment en ce qui concerne la protection des actionnaires, un fonctionnement peu transparent, des entreprises qui falsifient leurs comptes, un trop petit nombre de sociétés cotées, ce qui favorise les spéculations et conduit à une surcote des actions du marché A.

Les marchés de capitaux domestiques ont peu contribué au financement des entreprises chinoises. La Bourse de Hong Kong s'est révélée plus attractive et les sociétés chinoises y ont levé plus de fonds que sur les marchés de Shanghai et de Shenzhen. Il existe une cinquantaine de sociétés chinoises cotées à Hong Kong (actions H) et une trentaine de *red chips*, qui sont des sociétés de droit hongkongais mais dont le principal actionnaire est de Chine continentale.

Système fiscal et finances publiques

Le retour de l'État central

Les réformes ont considérablement réduit la capacité du budget de l'État à mobiliser des ressources financières. L'assiette fiscale s'est rétrécie car les entreprises d'État, principale source des recettes, étaient en perte de vitesse alors que le secteur privé montant était peu assujetti à l'impôt (secteur informel). En outre, la décentralisation a contribué à réduire les rentrées fiscales. Le poids du budget de l'État (budget consolidé du centre et des provinces) a chuté de plus de 30 % du PIB entre 1978 à 12 % en 1994. Parallèlement, les « fonds extrabudgétaires » (taxes parafiscales des agences gouvernementales et administrations locales) ont gonflé au point de représenter une masse équivalente aux trois quarts des recettes fiscales.

La réforme fiscale de 1994 a défini des règles de répartition des impôts entre le budget central et les budgets provinciaux, établi une administration séparée pour la perception des impôts centraux et réduit les fonds extrabudgétaires. Elle a créé une taxe sur la valeur ajoutée (TVA), un impôt progressif sur le revenu des particuliers ; un impôt sur les sociétés (33 %), un impôt sur les entreprises privées, un impôt sur les dividendes. La TVA constitue la principale recette fiscale (37 % des revenus budgétaires en 2004), devant la taxe sur les bénéfices des entreprises (16 %). L'impôt sur le revenu des personnes physiques ne représente que 7 % des recettes fiscales.

À la suite de cette réforme, le poids des revenus budgétaires dans le PIB est progressivement remonté à 19 % en 2004. Si l'on y ajoute les fonds extrabudgétaires et les fonds de sécurité sociale, le poids des finances publiques atteint 27 % du PIB.

À la fin des années 1990, les autorités ont mené une politique budgétaire expansionniste pour relancer la croissance, ce qui a entraîné un déficit du budget, qui est resté cependant contenu en dessous de 3 % du PIB. Depuis 2003, la reprise économique se traduit par une progression des recettes fiscales et une réduction du déficit. La situation des finances publiques reste relativement équilibrée en Chine, car la charge de maintenir à flot les entreprises publiques a été transférée sur les banques. Une solution inverse de celle qui a été adoptée en Inde, où la dette publique est forte mais la situation des banques relativement saine. En Chine, la dette publique est modérée (22 % en 2004), la dette extérieure aussi (elle tourne autour de 12 % du PIB), mais si l'on y ajoute les créances douteuses qui ont été prises en charge par l'État, la dette publique globale dépasse 70 % du PIB. Et si l'on y ajoute la dette implicite du système des retraites, l'équilibre à venir des finances publiques apparaît plus incertain [*Revue d'économie financière*, 2005].

Relations centre-province

Les règles de partage des recettes fiscales entre le centre et les provinces, définies en 1994, ne sont pas cohérentes avec la répartition des dépenses entre les différents niveaux. La part des recettes fiscales levées par les provinces a diminué par rapport à celle du gouvernement central. Elle est tombée de 70 % des recettes totales en 1991 à 45 % en 2004. Les dépenses sociales (éducation de base, santé, emploi) et d'infrastructure sont largement de la responsabilité des échelons locaux, sans que ceux-ci disposent des ressources financières adéquates. Cette déconcentration des dépenses, sans contrepartie au niveau des recettes, rend les gouvernements locaux dépendants des transferts du gouvernement central et les conduit à avoir recours à des fonds extrabudgétaires, à des prélèvements illégaux et à des dettes (arriérés de salaires, impayés). Ce système est une des raisons de la faiblesse des dépenses sociales et contribue à aggraver les inégalités régionales, car les provinces les plus pauvres ont le moins de marge pour accroître leurs revenus. L'écart entre les dépenses budgétaires par tête dans les provinces les plus riches et les provinces les plus pauvres a fortement crû dans les années 1990.

L'ouverture sur l'extérieur

Investissements directs étrangers

L'ouverture sur l'extérieur a été un instrument puissant au service de la politique de modernisation économique. Afin d'accélérer la croissance et le rattrapage technologique, la Chine a dès le début pris des dispositions pour attirer les capitaux étrangers et promouvoir les industries exportatrices. Jusqu'à son entrée à l'OMC, elle mène une politique sélective tant en matière commerciale qu'à l'égard des investissements directs étrangers (IDE).

La loi de juillet 1979 sur les investissements directs étrangers (IDE) autorise la création de sociétés à capital mixte en Chine, où le partenaire étranger doit détenir au moins 25 % du capital. Par la suite, le cadre législatif et réglementaire est précisé et complété, toujours avec l'objectif d'attirer les capitaux étrangers tout en les canalisant vers certains secteurs d'activité et certaines régions. Il existe aussi des entreprises mixtes coopératives qui constituent une formule plus souple (avec des règles de répartition des profits définies par contrat). Enfin, dès 1986, la loi a autorisé les entreprises à capital totalement étranger mais dans des conditions très restrictives.

En 1979, quatre zones économiques spéciales (ZES) sont créées dans les provinces du Guangdong et du Fujian, qui offrent aux investisseurs étrangers des conditions préférentielles (réduction de l'impôt sur les bénéfices, exemption des droits de douane). Au cours des années 1980, ces conditions privilégiées sont étendues à l'ensemble de la zone côtière, où s'établissent des zones de développement économique et technique pour accueillir les investisseurs étrangers. Les lois fiscales de 1991 différencient les taux d'imposition sur les bénéfices des sociétés à capital étranger selon leur localisation : le taux d'imposition normal de 33 % est abaissé à 24 % dans les régions ouvertes, et à 15 % dans les ZES et dans les zones de développement économique et technique. Depuis 1999, les provinces du centre et de l'intérieur ont aussi la possibilité de mettre en œuvre des mesures analogues pour attirer les investisseurs étrangers. L'harmonisation du taux d'imposition entre les entreprises chinoises et étrangères a été jusqu'ici différée, mais elle est prévue pour 2007.

Les réglementations différencient les conditions offertes selon que l'investissement étranger dans le secteur est : 1) encouragé (industries exportatrices, secteurs de haute technologie, ceux dont la production est destinée à se substituer aux importations comme l'automobile) ; 2) autorisé ; 3) restreint [OCDE, 2002].

Pour entrer dans l'OMC, la Chine a accepté de lever une grande partie des restrictions existant sur les IDE. Le commerce de gros et de détail, l'import-export, les services après-vente, les services de télécommunication, la banque et les assurances ont ainsi été ouverts aux IDE entre 2002 et 2006. Dans ces trois dernières activités, il reste des limites à la participation étrangère au capital. On observe que là où cela est possible, les investisseurs étrangers montrent une nette préférence pour les sociétés où ils contrôlent entièrement le capital.

La politique commerciale

La libéralisation des échanges a été très progressive. Au cours des années 1980, l'organisation planifiée des échanges a été progressivement démantelée et, en 1992, le plan impératif ne régissait plus qu'une fraction minime des importations (20 %). Le monopole du commerce extérieur a éclaté devant la multiplication des sociétés de commerce extérieur et des entreprises habilitées à faire des échanges avec l'extérieur.

Protection du marché intérieur et promotion des exportations. — L'ouverture du marché intérieur s'est faite de manière contrôlée : jusqu'au milieu des années 1990, le régime des importations comporte des tarifs douaniers qui restent élevés, des quotas et des licences d'importation, des droits exclusifs donnés à certaines sociétés d'importer certains produits [Banque mondiale, 1997]. À partir de 1995, la Chine a rapidement abaissé ses tarifs douaniers, et les engagements pris lors de son entrée dans l'OMC prolongent ce mouvement.

Évolution des tarifs douaniers
(moyenne non pondérée)

	1992	1994	1996	1998	2001	2005
Tous produits	42,9	36,3	23,6	17,5	16,6	9,8
Produits primaires	36,2	32,1	25,4	17,9	21,6	13,2
Produits manufacturés	44,9	37,6	23,1	17,4	16,2	9,5

Source : Banque mondiale [2004].

Afin d'encourager les industries exportatrices et les investissements étrangers qui auraient pu pâtir du niveau élevé des droits de douane, les autorités ont mis en place dès le milieu des années 1980 un régime douanier préférentiel : les produits importés qui sont destinés à être assemblés ou transformés pour l'exportation sont exemptés de droits de douane ; il en est de même pour les équipements importés par les entreprises à capitaux étrangers. Les droits de douane sont perçus seulement sur les produits importés pour le marché intérieur, qui reste ainsi protégé.

Ce régime commercial « dualiste » a des précédents en Asie, où le Japon et la Corée du Sud ont aussi, en leur temps, favorisé l'exportation tout en libéralisant l'accès à leur marché intérieur avec un certain retard. Il a eu des effets d'une ampleur exceptionnelle en Chine car il a été appliqué à l'ensemble de son territoire (et non pas seulement dans des zones économiques spéciales) et parce que, dans les années 1990, le processus de mondialisation a renforcé l'attrait de la Chine sur les entreprises industrielles à la recherche de sites de production à bas coûts.

L'entrée à l'OMC. — La Chine est devenue membre de l'OMC le 11 décembre 2001. Le protocole d'accession prévoit qu'elle mettra en œuvre ses différents engagements au cours d'une période de transition qui prend fin en 2006. Elle devient partie en même temps aux accords sur le commerce des services (GATS), sur les droits de propriété intellectuelle qui touchent au commerce (TRIP), sur les mesures concernant les investissements liés au commerce (TRIM).

Les dirigeants chinois comptent sur l'ouverture accrue à la concurrence internationale, *via* les importations et des investisseurs étrangers, pour accélérer les restructurations et rationalisations tant dans l'industrie que dans les services.

À côté des engagements pris en matière d'ouverture aux IDE dans les services, la Chine s'est engagée à réduire le niveau moyen de ses tarifs douaniers pour les produits industriels de 22 % en 2000 à moins de 9 % en 2005. Cette baisse s'accompagne d'une réduction des « pics tarifaires » qui barraient l'entrée de certains produits dans le marché intérieur, dans l'automobile notamment. La Chine abandonne ainsi une partie de sa marge de manœuvre dans l'utilisation de sa politique commerciale à des fins de protection sélective du marché intérieur. Dans le secteur agricole, la baisse de la protection se fait par un élargissement des quotas à tarifs réduits, et une baisse des tarifs pour les produits hors quotas. La moyenne des droits de douane sur les produits agricoles passe de 22 % à 15 %. Le degré de libéralisation des importations de produits agricoles ne devrait par perturber les marchés locaux mais elle limite cependant les possibilités de hausse de prix internes.

Une convertibilité limitée

Au 1er janvier 1994, les autorités établissent un taux de change unique, qui succède à l'utilisation de multiples taux de conversion. Une convertibilité partielle de la monnaie, limitée aux opérations courantes, est introduite en décembre 1996. La convertibilité vaut aussi pour les autres opérations courantes comme le rapatriement des profits des entreprises étrangères en Chine. Les opérations en capital (prêts et emprunts à l'étranger) sont soumises à autorisation et plafonnées. Instruites par la crise financière asiatique des dangers d'une libéralisation précoce, les autorités chinoises ont différé la convertibilité pour les opérations en capital, initialement annoncée pour 2000. Les autorités lèvent peu à peu les restrictions existant aux sorties de capitaux et ont, en 2006, facilité l'achat de devises pour les entreprises qui veulent investir à l'étranger.

Le régime du taux de change du yuan est celui d'un flottement très contrôlé. La Banque de Chine intervient pour maintenir le cours dans des marges de fluctuations étroites (+/– 0,2 %). De 1994 à juillet 2005, le taux nominal est resté à 8,28 yuans pour un dollar des États-Unis. Lors de la crise financière asiatique de

1997-1998, qui a conduit à la dévaluation de la plupart des monnaies asiatiques, la Chine a résisté aux pressions spéculatives qui s'exerçaient pour la dévaluation du yuan.

Depuis 2003, des pressions internationales s'exercent en faveur de la réévaluation de la monnaie chinoise. Le 21 juillet 2005, les autorités chinoises ont introduit une réforme du régime de change : elles ont réévalué le yuan de 2 % (8,11 yuans pour un dollar) et ont fixé son taux de change par rapport à un panier de monnaies qui inclut non seulement le dollar américain, mais aussi l'euro et le yen. Pour autant, elles ne l'ont laissé s'apprécier que très faiblement.

III / Les structures de l'économie

La Chine compte 1 milliard 314 millions d'habitants, un quart de la population mondiale, sur un territoire de 9,6 millions de kilomètres carrés, une superficie comparable à celle des États-Unis. Le climat et le relief limitent la surface agricole mais le sous-sol recèle d'importantes ressources naturelles. La transition démographique amorcée dans les années 1950 est désormais achevée. Les grands changements dans l'emploi et la production qui sous-tendent le développement économique ont été engagés sous la période maoïste, mais se sont considérablement accélérés au cours des vingt-cinq dernières années.

La population chinoise

La nationalité han constitue 92 % de la population chinoise qui comprend en outre cinquante-cinq minorités nationales. Le territoire chinois est divisé en vingt-deux provinces, cinq régions autonomes et quatre municipalités relevant directement de Pékin (Shanghai, Tianjin, Pékin, Chongqing). Neuf provinces comptent plus de 50 millions d'habitants et quatre plus de 80 millions (Henan, Shandong, Sichuan, Guangdong). La stratégie de développement régional des années 1980 distingue trois grandes zones géographiques : l'est, le centre et l'ouest du pays. Chacune de ces grandes zones est hétérogène et la distinction correspond à la conception selon laquelle le développement se propage d'est en ouest, avec des effets escomptés d'entraînement et de complémentarités entre les régions côtières plus industrialisées et les régions de l'intérieur.

Près de 80 % de la population vit sur moins de la moitié du territoire. Les douze provinces orientales concentrent 42 % de la population sur 14 % du territoire ; les dix provinces centrales regroupent 35 % de la population sur 30 % du territoire et la partie occidentale 23 % de la population sur 57 % du territoire. La densité de population varie de moins de 10 habitants au kilomètre carré dans les provinces occidentales du Xinjiang et du Qinhai, à plus de 500 dans la province centrale du Henan et dans les provinces côtières du Jiangsu et du Shandong.

Une transition démographique achevée

Baisse précoce de la mortalité. — La transition démographique est amorcée, dès la période maoïste, par la baisse de la mortalité qui décline progressivement de 18 pour mille au début des années 1950 à 6,5 pour mille au début des années 1970, grâce à l'amélioration des conditions de vie, aux progrès de l'hygiène et des soins de santé. L'espérance de vie dépasse 70 ans à la fin des années 1990. Jusqu'au milieu des années 1970, la croissance naturelle de la population est restée élevée, au-dessus de 2 % par an, car la natalité continuait à être forte.

La baisse de natalité. — La politique de contrôle des naissances a longtemps été erratique, interrompue par le Grand Bond en avant et la Révolution culturelle. Il faut attendre le début des années 1970 pour qu'une politique rigoureuse et durable soit mise en œuvre. Le contrôle des naissances se durcit à partir de 1979 avec la politique de l'enfant unique, mais, dès 1984, celle-ci ne s'applique strictement que dans les villes. Des mesures incitatives en faveur de l'enfant unique (gratuité de la scolarité, des soins médicaux) s'accompagnent de sanctions en cas de deuxième enfant (amendes, retenues sur salaire), puis de la stérilisation après le deuxième enfant. Dans les campagnes, la possibilité d'avoir un deuxième enfant (voire un troisième pour les minorités nationales) dépend des circonstances et varie selon les régions.

En moins d'une génération, la fécondité chute brutalement. Les femmes chinoises qui avaient en moyenne encore cinq enfants au début des années 1970 en ont moins de deux en 2000, un peu moins qu'il n'en faudrait théoriquement pour assurer le renouvellement des générations.

Le taux de natalité qui était encore de 34 pour mille en 1969 tombe à 18 pour mille dix ans plus tard. La baisse se ralentit dans les années 1980, en raison du moindre contrôle social consécutif au démantèlement des structures collectives dans les campagnes, mais elle reprend dans les années 1990 et le taux de natalité est tombé en dessous de 13 pour mille depuis 2002.

La Chine a achevé sa transition démographique et se caractérise par des taux bas de natalité (13 pour mille) et de mortalité (6,5 pour mille). Au début du XXIe siècle, la population chinoise augmente de moins d'environ 0,6 % par an, soit 7 à 8 millions de personnes.

Un ratio élevé de masculinité. — La politique de contrôle des naissances a renforcé la discrimination à l'encontre des filles. La forte préférence pour les garçons est liée à la fois aux valeurs traditionnelles et à des considérations économiques puisque, dans les campagnes où il n'y a pas de retraites, c'est le fils qui prend en charge ses parents âgés. La norme de l'enfant unique a provoqué une augmentation du ratio de naissances de garçons par rapport à celle des filles, qui monte de 105 en 1989 à 115 en 1995. Il y a un sous-enregistrement de la naissance des filles (les parents se réservent ainsi une deuxième chance d'avoir un garçon) et des avortements sélectifs. Si l'infanticide semble être une pratique marginale, la discrimination conduit à une forte surmortalité infantile des filles. En 2000, la tranche d'âge 10-14 ans ne compte que 150 millions de filles pour 170 millions de garçons [Attané, 2005].

Niveau d'éducation. — L'analphabétisme a régulièrement décliné : il est passé de 34 % de la population adulte en 1982 à 9 % en 2000 (date du dernier recensement). Ce progrès est en partie dû à la disparition des générations âgées et à la réticence croissante de personnes à reconnaître leur appartenance à cette catégorie. Les recensements enregistrent en effet les niveaux revendiqués par les personnes elles-mêmes.

Les enquêtes indiquent que le nombre d'illettrés et semi-illettrés est de 118 millions en 2004. La comparaison avec l'Inde montre l'avance de la Chine dans le domaine de l'enseignement primaire puisque, en 2004, la quasi-totalité des jeunes Chinois (15-24 ans) sauraient lire contre moins des deux tiers des jeunes Indiens. En 2004, un tiers de la population adulte a un niveau d'éducation primaire, plus de la moitié un niveau d'études secondaires (pour la plupart du premier cycle), et environ 6 % un niveau d'études supérieures.

Urbanisation et migrations

Une urbanisation tardive. — Pendant la période maoïste, l'urbanisation est sévèrement freinée, à la fois par un enregistrement administratif qui, à partir de 1958, assigne à résidence la population rurale (hukou), et par le rationnement des biens de consommation alimentaires qui rend impossible à d'éventuels émigrants illégaux la survie en ville. Les recensements montrent que la population urbaine a augmenté rapidement de 1953 à 1964 (sa part augmente de 13 % à 18 %), mais que cette progression a été ralentie ensuite et a été pour l'essentiel due à l'accroissement démographique naturel des villes : sa part atteint 21 % en 1982.

Avec les réformes économiques, les contrôles sur les migrations se relâchent, le rationnement alimentaire disparaît. Les recensements font état d'une augmentation rapide de la population urbaine : elle passe de 211 millions en 1982 à 300 millions en 1990 et atteint 26 % de la population totale. Une partie de cette évolution s'explique par l'élargissement du périmètre administratif des villes, qui, à partir de 1984, intègre des bourgs ruraux. Dans les années 1990, l'augmentation de la population urbaine s'accélère et sa part atteint 36 % en 2000 (459 millions). Sur cette période, une partie de l'augmentation du nombre d'urbains vient de l'inclusion dans les statistiques des migrants ruraux installés en ville.

Essor des migrations. — La distinction entre population rurale et population urbaine n'est pas facile à établir avec précision car des mouvements de migration temporaires, souvent illégaux, s'ajoutent à l'exode rural encore très contrôlé. Il y avait environ 30 millions de migrants temporaires au début des années 1980, 70 à 80 millions dix ans plus tard et 130 à 140 millions en 2000. En 2000, il s'agissait pour les trois quarts de ruraux qui ont (ou n'ont pas) un permis de résidence temporaire en ville. La majorité des migrants ne dépasse pas les frontières de leurs provinces, mais les migrations interprovinciales augmentent et vont principalement en direction des provinces côtières : la province du Guangdong compte à elle seule un quart des migrants.

Dans les années 1980, le contrôle de l'exode rural a commencé à s'assouplir avec l'octroi aux paysans d'autorisations de résidence temporaires dans les bourgs ruraux. Dans les années 1990, les petites villes ont été progressivement ouvertes aux migrants ayant un logement et un emploi stables. L'objectif était de favoriser la croissance des villes petites et moyennes en freinant celle des grandes. Actuellement, ce sont les autorités provinciales et municipales qui contrôlent les conditions d'accès à un permis de résidence urbain. Certaines provinces ont ainsi récemment aboli ces barrières institutionnelles à l'émigration rurale, mais les grandes villes et *a fortiori* les métropoles comme Pékin et Shanghai ont une politique sélective qui limite fortement l'« immigration » légale.

Les migrants font encore le plus souvent l'objet d'une véritable ségrégation : certains emplois (entreprises d'État et services publics) leur sont fermés, ils occupent les tâches pénibles et mal payées que délaissent les citadins, comme le bâtiment ; ils n'ont pas accès aux services sociaux et notamment aux établissements scolaires ou à la sécurité sociale. En 2000, les migrants représentaient 20 % de la population de Pékin, 25 % de celle de Shanghai et de la province du Guangdong.

Malgré des assouplissements, le système actuel perpétue la ségrégation des migrants ruraux et continue à aggraver les inégalités de statut et de salaires. Les autorités entendent continuer à contrôler l'exode, surtout vers les grandes métropoles, d'abord parce que l'intégration des migrants a un coût élevé pour les villes qui doivent créer des infrastructures d'accueil (logements, écoles) et étendre aux nouveaux venus un système de prestations sociales jusqu'ici réservées aux citadins. Ensuite, parce que les autorités locales tiennent compte des réticences de la population urbaine à l'égard de l'intégration de migrants qui exercerait une pression à la baisse sur les salaires et les avantages sociaux.

L'emploi : pléthore de main-d'œuvre

Explosion de la population en âge de travailler

Au cours de la seconde moitié du XXe siècle, la Chine a fait face à une formidable explosion de sa population en âge de travailler (15-64 ans) qui est passée de 350 millions en 1953 à 624 millions en 1982 et à 890 millions en 2000. Son poids dans la population totale est passé de 59 % en 1953 à 70 % en 2000. L'abondance de la main-d'œuvre a été un facteur favorable à la croissance mais la création d'emplois a été aussi un défi majeur pour la stratégie économique. Les autorités ont fait face à un afflux de population d'âge actif de 9 millions par an en moyenne de 1953 à 1982, et de 14 millions par an de 1982 à 2000. L'ère des réformes a donc coïncidé avec une pression particulièrement forte pour la création d'emplois.

Structure par âge de la population aux cinq recensements

	1953	1964	1982	1993	2000
Total en milliers	594 350	694 580	1 008 180	1 133 680	1 265 830
Groupes d'âge, en %					
– 0-14	36	41	34	28	23
– 15-64	59	56	62	67	70
– 65 et plus	4	4	5	6	7

Source : China Statistical Yearbook, 2002.

Le taux de participation est particulièrement élevé (plus de 80 % en 2004). La population active a doublé sous la période maoïste pour dépasser 400 millions en 1978 et elle a atteint 768 millions en 2004. La stratégie adoptée pour faire face à ce défi démographique a été radicalement différente sous la période maoïste et après 1978.

Les bouleversements de l'emploi

Emploi par secteur de 1978 à 2004. — Pendant la période maoïste, l'option choisie a consisté à cantonner la population active là où elle se trouvait, c'est-à-dire à la campagne. Entre 1952 et 1978, l'agriculture absorbe plus de la moitié de la croissance de la population active : le nombre de travailleurs agricoles passe de 173 à 283 millions, au prix d'un sous-emploi agricole massif et d'une très faible productivité du travail. La décollectivisation de l'exploitation des terres a révélé le trop-plein de main-d'œuvre et a entraîné de profonds bouleversements dans la structure de l'emploi. Depuis 1978, l'agriculture a absorbé seulement un cinquième de la croissance de la main-d'œuvre et son poids dans l'emploi total a chuté. Depuis 1991, le nombre de travailleurs agricoles baisse, marquant un tournant majeur. De 1978 à 2004, ce sont les services qui absorbent plus de la moitié de la croissance de l'emploi, et l'industrie 30 %.

Évolution de l'emploi par grands secteurs

	1978	1995	2004
Agriculture			
millions	283	355	352
%	71	52	47
Industrie et bâtiment			
millions	69	157	169
%	17	23	23
Services			
millions	49	169	230
%	12	25	31
Total millions	402	680	752

Source : China Statistical Yearbook, 2005.

En 2004, moins de la moitié de la population active travaille dans l'agriculture (y compris les « paysans-ouvriers » et migrants temporaires), 30 % dans les services et 22 % dans l'industrie. L'emploi dans les services dépasse l'emploi industriel, mais demeure faible par rapport à ce que l'on observe dans des économies comparables : il atteint 39 % de l'emploi total en

Indonésie, 55 % au Brésil. Le retard quantitatif et qualitatif des services est un héritage de la période d'économie administrée centrée sur le développement industriel.

Une croissance pauvre en emploi. — Au cours de la dernière décennie, la croissance économique en Chine a été peu créatrice d'emplois. Entre 1994 et 2004, l'emploi total a augmenté seulement de 13 % alors que la production a plus que doublé. La faible élasticité de la création d'emplois à la croissance tient à la baisse de l'emploi agricole, mais aussi au « dégraissage » dans les entreprises d'État entre 1996 et 1998. Les effectifs employés dans l'industrie manufacturière (villes et campagnes), qui avaient atteint un pic en 1995, ont chuté de 130 millions à 108 millions entre 1995 et 1999 pour augmenter légèrement à partir de 2002 [Bannister, 2005]. L'industrie manufacturière est en effet devenue un secteur très concurrentiel, où la recherche de gains de productivité du travail a été une condition de survie y compris pour les entreprises d'État dont la main-d'œuvre était pléthorique.

Chômage et emplois précaires dans les villes

La population active urbaine a fortement augmenté depuis le début des réformes, passant de 95 millions en 1978 à 265 millions en 2004 ; une bonne partie de cet accroissement vient des migrants qui représentent environ 20 % à 25 % des travailleurs urbains actuellement.

Depuis le milieu des années 1990, la Chine urbaine se caractérise par l'apparition d'un chômage de masse et par l'importance des emplois dans le secteur informel de l'économie.

Un chômage de masse. — Phénomène inconnu avant les réformes, le chômage a fait son apparition en Chine et a pris de l'ampleur dans la seconde moitié des années 1990. Selon les chiffres officiels, le taux de chômage (urbain) est passé de 2,9 % en 1995 à 4,3 % en 2003, mais ces chiffres ne concernent en fait que les chômeurs indemnisés et excluent les demandeurs d'emploi de plus de 50 ans pour les hommes et de plus de 45 ans pour les femmes. En réalité, le taux de chômage serait passé de 8 % en 1995 à 11,5 % en 2000 [OCDE, 2005]. Il atteint 20 % dans certaines provinces particulièrement touchées par la restructuration des entreprises d'État dans le nord-est du pays.

Jusqu'au milieu des années 1990, la croissance industrielle s'accompagne d'une forte augmentation de l'emploi dans l'industrie, mais ensuite la création d'emplois dans les entreprises privées ne compense pas la destruction d'emplois dans les entreprises publiques.

Le secteur informel, principal gisement d'emplois. — L'autre changement majeur est la montée des emplois dans le secteur informel dans l'économie urbaine. L'augmentation des emplois urbains depuis 1997 est à mettre au compte des emplois « informels » qui englobent à la fois les employés des petites entreprises non officiellement déclarées, les « petits boulots », commerces de rue et autres, mais aussi les travailleurs « informels » des entreprises enregistrées, c'est-à-dire les travailleurs « au noir » que sont souvent les migrants dans les entreprises urbaines. Entre 1997 et 2003, l'emploi informel est passé de 30 à 100 millions de personnes, il assure 38 % des emplois totaux, plus que les entreprises d'État. Au contraire, le nombre des emplois formels (entreprises d'État, collectives, privées et individuelles, sociétés) a décliné en chiffres absolus de plus de 20 millions depuis 1997 et comprend environ 157 millions de personnes en 2003. La structure de l'emploi a profondément changé, au profit des emplois précaires sans couverture sociale ni contrat de travail.

Le recensement économique de 2004 a confirmé l'importance du secteur informel. Plus complet que les précédents, il a mis en lumière des activités qui restaient jusqu'ici dans l'ombre : leur prise en compte a augmenté le PIB de 17 %. En même temps, un rapport officiel révélait que l'immense majorité (80 %) des entreprises privées chinoises ne respectait pas le droit du travail et ne cotisait pas aux régimes de sécurité sociale.

En zones rurales : sous-emploi massif

L'agriculture emploie actuellement en 2004 plus de 40 % de la population active, mais on estime que 20 % suffiraient pour assurer le niveau actuel de production avec les techniques actuelles. Cet écart donne la mesure du sous-emploi massif qui

Évolution de l'emploi urbain de 1985-2003 : la montée du secteur informel
(en millions)

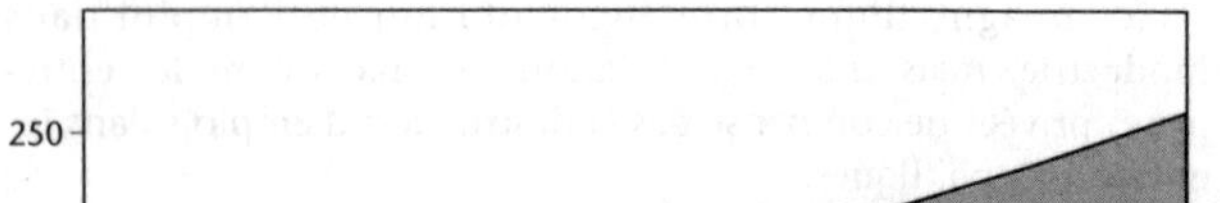

Source : Bannister [2005].

caractérise ce secteur et indique qu'il y a environ 150 millions de personnes « en trop » dans l'agriculture.

Dans les années 1980, le développement des entreprises des bourgs et villages a permis aux paysans de quitter l'agriculture sans quitter la campagne. En 2004, elles emploient environ 140 millions de travailleurs, auxquels s'ajoutent les entreprises privées et individuelles (40 millions d'emplois). Finalement, c'est plus de 35 % des emplois ruraux qui se situent hors de l'agriculture, emplois souvent saisonniers qui laissent les ouvriers-paysans participer aux travaux agricoles. Ces activités fournissent aux familles paysannes des revenus complémentaires importants. Mais le dynamisme des entreprises rurales s'essouffle depuis le milieu des années 1990, le nombre d'employés des entreprises de bourgs et villages stagne et désormais l'exode rural apparaît comme le seul moyen de réduire le sous-emploi rural. En 2005, le nombre total des migrants (près de 150 millions de personnes) pourrait dépasser celui des emplois dans ces entreprises de bourgs et villages [*Revue Tiers-Monde*, 2005].

Les industries manufacturières rurales emploient ainsi 70 millions de personnes, soit près de deux fois plus que l'industrie urbaine. Elles incluent les entreprises situées dans les zones industrielles hors du périmètre administratif des villes et qui peuvent être des entreprises à capitaux étrangers et travaillant l'exportation [Bannister, 2005].

Emplois dans l'industrie manufacturière
(en millions)

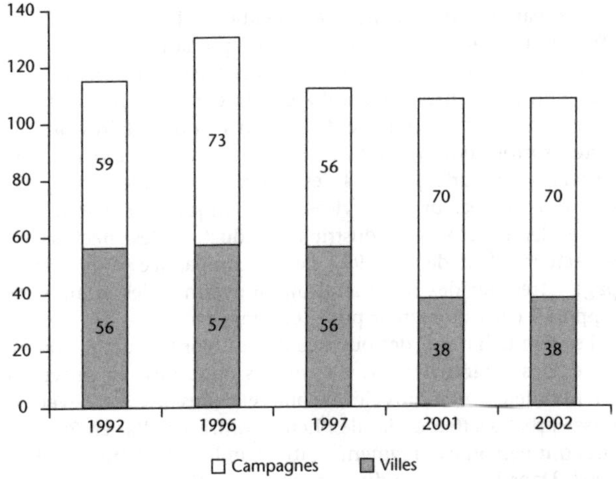

Source : Bannister [2005].

Émergence d'un marché du travail

Alors que pendant la période maoïste, la main-d'œuvre, dans les villes comme dans les campagnes, était autoritairement affectée aux différents emplois, depuis les années 1990, un

« marché du travail » émerge, où se confrontent l'offre et la demande d'emplois et où se déterminent les salaires. Les statistiques disponibles ne permettent pas d'évaluer précisément la situation du marché du travail en Chine. Les séries temporelles sur l'emploi et les salaires manquent de cohérence et sont très incomplètes, les données sur les salaires dans les entreprises rurales sont quasi inexistantes.

Les analyses s'accordent à considérer que le marché du travail reste segmenté : les travailleurs ont des salaires différents selon les secteurs/régions où ils sont employés ; la ligne de clivage la plus importante est celle qui sépare les villes et les campagnes.

Dans l'industrie, les salaires urbains du secteur formel, les seuls pour lesquels il existe des séries officielles, ont augmenté assez rapidement. De 1989 à 2004, le salaire moyen a augmenté de 8 % par an, avec une nette accélération à 12 % par an depuis 1997. Cependant, si l'on prend en compte la baisse des prestations sociales à la charge des entreprises (subventions pour le logement, la santé des employés), le coût du travail aurait augmenté moins rapidement. Les hausses de salaires ont été fortes, surtout pour les niveaux élevés de qualification, qui sont en relative pénurie. En 2004, les salaires moyens les plus élevés sont ceux du secteur des services informatiques (où ils sont deux fois et demie ceux de l'industrie). La réduction des effectifs dans le secteur d'État depuis 1997 s'est accompagnée d'un « rattrapage » très net des rémunérations moyennes des salaires par rapport à ceux du secteur privé (et étranger).

Les rémunérations des ouvriers des entreprises rurales comme celles des migrants sont, d'après les enquêtes, en moyenne environ deux fois moins élevées que celles des ouvriers des entreprises urbaines (0,5 dollar de l'heure contre 1 dollar en 2002) et elles ont peu ou pas augmenté entre le milieu des années 1990 et 2003. Dans la province du Guangdong, le très faible niveau des rémunérations n'attirait plus les migrants et les entreprises ont été confrontées à des pénuries de main-d'œuvre dans le courant de l'année 2003. D'après une enquête de la Banque populaire de Chine, les migrants travaillant dans cette province gagnaient environ un demi-dollar de l'heure encore en 2005.

Ainsi, la majeure partie de la main-d'œuvre dans l'industrie manufacturière chinoise est située hors des zones urbaines, largement constituée d'ouvriers peu qualifiés, avec un niveau de salaire très bas et qui a peu augmenté au cours de la dernière décennie. Cette situation explique la forte compétitivité-prix des exportations chinoises. « C'est l'économie paysanne des provinces de l'intérieur qui nourrit l'économie capitaliste des zones côtières » [Aubert *in Revue Tiers-Monde*, 2005].

Le changement des structures de production

Depuis 1978, la structure de la production par grands secteurs a continué à évoluer au détriment de l'agriculture. Le poids de l'agriculture dans le PIB est tombé en dessous de 15 % en 2004, alors que celui de l'industrie est stable et celui des services augmente. Ces changements structurels reflètent la croissance plus ou moins rapide des secteurs mais aussi les évolutions de prix relatifs. L'industrie est le secteur dont la production a augmenté le plus rapidement (11,5 % par an), mais cette croissance s'est accompagnée d'une baisse relative des prix des produits manufacturés, sous l'effet des gains de productivité. Au contraire, le prix relatif des services a augmenté, sans qu'il soit possible de déterminer si cela est dû à la hausse des salaires dans ce secteur où les gains de productivité sont faibles (effet Balassa) ou bien à la hausse des tarifs publics.

Évolution du PIB par grands secteurs depuis 1978

	Poids en % du PIB			Taux de croissance annuel	
	1978	1993	2004*	1978-1993	1993-2004
PIB	100	100	100	9,6	9,5
Agriculture	28	19	13	5,2	3,7
Industrie et bâtiment	48	46	46	11,4	11,5
Services	24	34	41	11,2	9,8

* Révisé fin 2005.

Source : *China Statistical Yearbook*, 2005.

Le recensement économique de 2004 a réévalué à la hausse l'importance des services dont une grande partie appartenait au secteur « informel ». En 2004, le secteur tertiaire produit 41 % du PIB (et non 32 % selon les précédentes données). Le poids de l'industrie est de 46 % (au lieu de 52 %) et celui de l'agriculture de 13 % (au lieu de 15 %).

L'agriculture et le monde rural

« Beaucoup d'hommes, peu de terres »

La formule chinoise résume la situation de l'agriculture. Le relief et le climat rendent une grande partie du territoire chinois impropre à la culture. Le recensement agricole de 1996 indique que la superficie cultivée est de 130 millions d'hectares, soit moins d'un sixième du territoire. La disponibilité de terres cultivées par habitant est faible, un hectare pour dix habitants, mais elle est supérieure à celle de Taiwan (1 pour 25) et du Japon (1 pour 30). La faible superficie agricole est compensée par le développement des récoltes multiples (deux ou trois dans l'année) qui font que la surface récoltée est supérieure d'environ 50 % à la surface cultivée. La superficie agricole diminue avec l'urbanisation et l'industrialisation rurale (elle était de 132,5 millions d'hectares au recensement agricole de 1989).

Les limites mises à l'exode rural font que la densité de la population active agricole, mesurée par le nombre d'actifs par hectare, a été multipliée par deux en quarante ans et il y a actuellement trois travailleurs par hectare. La distribution égalitaire des terres qui a suivi la décollectivisation fait que l'agriculture chinoise est dominée par des microexploitations, de moins d'un hectare, soit deux fois plus petites qu'au Japon.

Croissance et diversification des productions

Le bond des productions depuis 1978. — De 1978 à 2004, la production agricole a augmenté deux fois plus vite que pendant les vingt-cinq années précédentes (4,5 % par an contre 2,2 %). L'augmentation des productions depuis un quart de siècle a assuré une considérable amélioration de l'alimentation de la population tout en préservant l'objectif d'autosuffisance.

La Chine est le premier producteur de blé, devant les États-Unis, avec 90 millions de tonnes en 2004, le premier producteur de riz, devant l'Inde, avec 180 millions de tonnes, et le deuxième producteur de maïs (130 millions de tonnes) derrière les États-Unis. Ces dernières années, la récolte totale de grains (céréales, tubéreuses et soja) tourne autour 470 millions de tonnes, et celles de maïs et de soja sont en augmentation pour répondre à une accélération de la demande de fourrage. En effet, la consommation alimentaire directe de céréales, qui est d'environ 150-160 kg par tête (environ 50 % de la production), diminue au profit des utilisations industrielles (huile, boissons alcoolisées) et surtout de l'élevage.

Les rendements de l'agriculture chinoise sont élevés. La production de blé à l'hectare (près de 4 tonnes) est proche de celle obtenue en Europe (5 tonnes), et, dans le cas du riz, le rendement en Chine (6 tonnes à l'hectare) est deux fois plus élevé qu'en Inde ou en Thaïlande et proche de celui du Japon. Le rendement dans la production de maïs est cependant nettement inférieur à celui obtenu aux États-Unis (4,8 contre 8,9 tonnes par hectare). Ces bonnes performances s'expliquent par une intense utilisation d'engrais (290 kg par hectare récolté) et l'extension de l'irrigation qui couvre plus de la moitié de la surface cultivée.

Diversification. — Les autres productions végétales ont connu une croissance encore plus rapide que les céréales : entre 1978 et 2004, la production de coton a triplé (de 2,2 à 6,3 millions de tonnes), celle d'oléagineux a sextuplé (de 5,2 à 30 millions de tonnes). L'élevage a enregistré un essor considérable et la production de viande est passée de 19 à 70 millions de tonnes de 1984 à 2004.

La structure de la production agricole s'est ainsi transformée avec le recul relatif des cultures végétales (surtout des céréales) dont la contribution à la production agricole tombe de 80 % à 50 %, au profit de l'élevage qui actuellement contribue pour plus de 43 % à la production agricole. Au sein des cultures, la superficie consacrée aux céréales a diminué au profit des légumes.

Dans le domaine agricole, la Chine a respecté son objectif d'autosuffisance en « grains », avec une production représentant 95 % de la consommation. Les importations portent essentiellement sur le soja (20 millions de tonnes en 2003 comme en 2004). Pour les céréales, la baisse de la protection tarifaire négociée avec l'OMC ne devrait pas remettre en cause la sécurité alimentaire du pays. Ce sont les transformations des habitudes alimentaires, avec l'augmentation de la consommation de viande, qui continueront à déterminer le plus fortement les besoins d'importation du pays en produits pour l'alimentation animale. Après avoir été longtemps excédentaires, les échanges de produits agroalimentaires sont devenus déficitaires en 2004.

Activités non agricoles

L'essor des activités non agricoles à la campagne à partir de 1978 a répondu à la nécessité de créer des emplois pour absorber l'excès de main-d'œuvre agricole, aux opportunités ouvertes par la libéralisation des activités dans les transports, le commerce, le bâtiment, à la volonté des autorités locales d'accroître leurs revenus fiscaux, et à l'augmentation de la demande des ménages ruraux.

Ces activités non agricoles sont à la fois importantes pour l'économie rurale, puisqu'elles assurent aux paysans une part essentielle de leurs revenus monétaires et pour l'ensemble de l'économie chinoise. Les industries rurales se sont développées surtout dans les provinces côtières où elles participent au dynamisme d'ensemble. Dans ces régions, l'essor des industries a profondément transformé les campagnes périurbaines et créé des espaces ruraux industrialisés fortement intégrés à l'économie des grands centres urbains, aux marchés locaux et internationaux.

Ressources énergétiques et minérales

Équilibre énergétique

Les ressources énergétiques et minérales de la Chine sont importantes, mais d'une part elles sont localisées loin des centres de consommation et se situent surtout dans le nord, le centre et l'ouest du pays ; d'autre part, l'augmentation des productions n'a pas suivi l'accélération des besoins au cours de ces dernières années.

Ses réserves de charbon (126 milliards de tonnes, 13 % du total mondial) viennent au troisième rang du monde après celles des États-Unis et de la Russie. Les réserves d'hydrocarbures sont plus

Structure de la production manufacturière
(en %)

	1980	1990	2004
Total	100	100	100
Machines, métallurgie	30	24	23
Électrique et électronique	5	9	21
Chimie et pétrochimie	27	26	19
Agroalimentaire	10	15	10
Textile et habillement	18	15	10
Bois, papier, édition	4	4	9
Matériel de transport	3	4	8
Divers	3	3	1

Source : China Statistical Yearbook, éditions diverses.

Nouveaux acteurs

Si l'on exclut la myriade de toutes petites entreprises, l'industrie chinoise comprend environ 220 000 entreprises : 2 000 grandes entreprises, 22 000 entreprises de taille moyenne, 200 000 petites entreprises, les trois catégories se partageant presque également la production. Ce secteur « organisé », qui couvre les entreprises de plus de 5 millions de yuans de chiffre d'affaires, et pour lequel les informations détaillées sont disponibles, réalise environ 90 % de la production industrielle totale.

Le tissu industriel se compose d'entreprises d'État ou contrôlées par l'État qui, en 2003, assurent encore 40 % de la production industrielle totale ; d'entreprises collectives qui en font 6 % ; d'entreprises chinoises privées ou à capital majoritairement privé qui en font 30,5 % ; et d'entreprises à capital en majorité ou totalement étranger 19 % [OCDE, 2005a]. Quand on sait que la production industrielle de la Chine en 1978 venait à 80 % des entreprises d'État, on mesure l'ampleur des changements intervenus.

La présence des entreprises d'État est encore globalement importante dans un certain nombre d'industries qui sont des monopoles, comme le tabac, et celles qui exigent des investissements lourds : pétrole et pétrochimie, charbon, sidérurgie. Dans les autres secteurs, elles opèrent dans un environnement concurrentiel. Leur productivité du travail et leur rentabilité ont fortement augmenté. Mais ces bons résultats masquent la polarisation croissante entre des entreprises très performantes et des « canards boiteux ». En 2004, plus du tiers des entreprises d'État sont en déficit.

Les entreprises privées chinoises ont de fortes positions dans des industries traditionnelles (industries alimentaires, textiles, meubles, produits métalliques), mais aussi dans certains secteurs de biens de consommation dynamiques comme le matériel électrique.

Depuis les années 1990, l'État a favorisé la constitution de grands groupes industriels à la manière des kereitsu japonais ou des chaebols coréens. Les plus grands groupes chinois se trouvent dans les secteurs où ils sont en position de monopole ou quasi-monopole (CNOOC et SINOPEC dans le pétrole) mais un petit nombre de « champions nationaux » ont aussi émergé dans les secteurs concurrentiels. Ils sont devenus des leaders sur leur marché et très compétitifs sur les marchés mondiaux : dans l'électroménager (Kelon, Haier), dans les téléviseurs (Konka, Changhong), dans l'informatique (Lenovo), les télécommunications (Huawei, ZTE). Ces grands groupes développent une stratégie d'internationalisation avec le soutien des autorités. Leurs investissements à l'étranger répondent à différents objectifs : s'assurer des sources d'approvisionnement (matières premières), élargir leurs marchés en acquérant des réseaux de commercialisation, acquérir des technologies. Ces grandes entreprises chinoises restent de taille modeste par rapport aux géants mondiaux et seulement onze entreprises chinoises figurent parmi les cinq cents plus grandes entreprises mondiales. Elles souffrent aussi de la faiblesse de leur structure financière et de leur système de gestion. La plupart de ces grands groupes restent sous le contrôle direct ou indirect de l'État, et rares sont ceux qui ont un statut entièrement privé.

Chiffres d'affaires de l'industrie manufacturière par types d'entreprises en 2004

Industrie manufacturière	Toutes	Entreprises chinoises		Entreprises à capitaux étrangers
		d'État	Autres	
Alimentaire	100	32	42	26
Textiles, cuirs	100	9	58	34
Bois, papier, divers	100	16	57	28
Chimie et pétrochimie	100	46	32	22
Machine, métallurgie	100	40	42	18
Matériel de transport	100	59	0	42
Matériel électrique et électronique	100	15	18	68
Non ventilé	100	5	53	42

Source : China Statistical Yearbook, 2005.

Le rôle des entreprises à capitaux étrangers. — Les entreprises à capitaux étrangers ont pris une place de tout premier plan dans le paysage industriel en Chine. Leur contribution à la production industrielle est de l'ordre du tiers en 2004 (si l'on inclut les entreprises où le capital étranger est minoritaire). Cette production se partage également entre d'une part les entreprises émanant de Hong Kong et Taiwan et d'autre part les autres filiales étrangères. Leur présence domine les secteurs nouveaux qu'elles ont contribué à créer : elles assurent plus des deux tiers de la production de matériel électrique et électronique. Le poids des sociétés à capital étranger est aussi fort dans le matériel de transport.

Toutes les grandes multinationales sont présentes en Chine. Initialement, les stratégies d'implantation différaient selon les secteurs et elles ont pris position en Chine soit pour desservir le marché local soit pour y établir des bases d'exportation, mais de plus en plus, elles combinent les deux et intègrent la Chine dans leurs réseaux mondiaux de production et d'échanges. Actuellement, la production industrielle réalisée par les entreprises à capitaux étrangers se répartit à peu près également entre exportation et commercialisation sur le marché chinois.

Plusieurs raisons expliquent l'attrait du marché chinois pour les investisseurs étrangers : sa taille, son dynamisme et les progrès de son ouverture, le bas coût du travail. A joué sans doute aussi la faiblesse du secteur privé local. Les entreprises privées chinoises marginalisées par un statut précaire et par le manque de ressources financières ont laissé le champ libre aux investisseurs étrangers. En outre, elles ont trouvé dans le recours à des capitaux extérieurs dans le cadre de *joint-ventures* un moyen de pallier la faiblesse de leurs ressources financières propres [Huang, 2003].

Investissements étrangers et rattrapage technologique

Politique technologique. — Depuis 1978, la Chine a misé sur l'acquisition de technologies étrangères pour accélérer son développement et a donné aux investissements étrangers et aux importations une place centrale dans ces transferts de technologies. De fait, l'achat de licences est resté un moyen secondaire et l'essentiel des hautes technologies entrant en Chine sont incorporées dans les produits importés par les filiales étrangères [Gaulier *et al.*, 2005].

Dans ces conditions, encore au tout début du XXIe siècle, la forte présence de firmes étrangères ne paraît pas encore avoir conduit à une sensible amélioration des capacités technologiques des entreprises industrielles chinoises. Les centres de recherche et développement (R&D) créés par des multinationales se multiplient en Chine, mais ils ont jusqu'ici été orientés plus vers l'adaptation à la demande locale que vers la recherche.

La base scientifique et technique de la grande majorité des entreprises chinoises reste globalement faible, mais un certain nombre d'entreprises émergent comme des acteurs importants dans le domaine des nouvelles technologies de l'information et de la communication. Elles ont créé leurs propres infrastructures technologiques et leurs entreprises high-tech, et elles sont à la fois partenaires et concurrentes des géants mondiaux au sein d'alliances stratégiques. Ces cas restent plus des exceptions que la règle, mais ils sont symptomatiques de l'émergence d'un noyau d'entreprises chinoises fortement engagées dans la R&D et avec des capacités d'innovation.

Enfin, depuis la fin des années 1990, les autorités chinoises ont pris conscience des coûts de la dépendance technologique et ont adopté une politique qui fait des programmes nationaux de R&D un objectif prioritaire.

Cela passe par un effort accru en matière de recherche. Les dépenses de R&D qui étaient tombées à 0,7 % du PIB en 1997 ont atteint 1,3 % en 2002 et devaient être portées à 1,5 % en 2005. Un autre élément clé de cette nouvelle politique technologique consiste à essayer d'imposer des normes techniques propres à la Chine, afin de diminuer les coûts de la dépendance. Au début des années 2000, le montant des royalties versées par la Chine s'élevait à 35 milliards de dollars par an. Elle s'efforce d'imposer son propre standard pour la troisième génération de téléphones mobiles, pour la nouvelle génération de lecteurs de DVD, pour les communications Internet. La Chine tente ainsi de surmonter sa faiblesse technologique en s'appuyant sur le pouvoir que lui confère la taille de son marché et sur l'ampleur des ressources humaines qu'elle peut mobiliser. Cette politique est en même temps une réponse stratégique : un moyen pour la Chine de continuer à promouvoir ses industries nationales dans le nouveau contexte créé par son entrée à l'OMC, qui limite les autres instruments de protection. Ce choix ne va pas sans risques, car la mise au point de nouvelles normes peut mener à des échecs ou des impasses et impliquer des coûts d'opportunités pour certaines entreprises locales.

La Chine a fait de grands progrès dans le domaine scientifique et technique ces dernières années, mais elle reste encore très en retard par rapport aux pays industrialisés. Au plan mondial, les États-Unis, l'Union européenne et le Japon assurent 90 % des dépôts et enregistrements de brevets, et la Chine n'y contribue que pour 0,3 %.

L'industrie automobile. — L'industrie automobile est l'exemple d'un secteur qui s'est développé grâce aux investissements étrangers. Quasi inexistante en Chine pendant la période maoïste, la production de voitures particulières n'a démarré qu'au début des années 1990 avec l'arrivée des investisseurs étrangers. En 2005, la production de voitures particulières approche les trois millions d'unités (soit quatre fois plus qu'en 2000), ce qui place la Chine au troisième rang mondial derrière les États-Unis et le Japon. Toutes les multinationales de l'automobile (Volkswagen, General Motors, Toyota, Daimler, Hyundai, PSA) sont présentes en Chine à travers des *joint-ventures* avec des grands groupes chinois, car la loi interdit aux investisseurs étrangers de détenir plus de 50 % du capital dans ce secteur. Ces grands groupes sino-étrangers se partagent 70 % d'un marché qui est très dynamique mais très concurrentiel, depuis que l'entrée à l'OMC a entraîné une réduction des droits de douane. La production automobile intègre maintenant une forte proportion de composants locaux car l'investissement étranger a entraîné le développement d'équipementiers chinois et étrangers et a conduit à la constitution d'un système industriel complet. Des voitures particulières entièrement chinoises, mais « inspirées » de modèles étrangers sont apparues récemment (Chery, Geely), ce qui témoigne d'une volonté politique de constituer une industrie automobile nationale. Le potentiel du marché chinois est considérable d'autant que les dirigeants ont clairement choisi de faire de l'automobile un des « chaînons conducteurs » de la croissance, en dépit des coûts énergétiques et environnementaux du développement de l'automobile qui apparaissent considérables. Mais l'ambition de la Chine est aussi de devenir une base mondiale d'exportation et, en 2005, ses exportations quoique modestes ont dépassé ses importations.

IV / Croissance économique et développement

L'émergence d'une grande puissance économique

Après une longue période de déclin, du milieu du XIXe siècle jusqu'au milieu du XXe siècle, l'économie chinoise a entamé son redressement au cours de la période maoïste et s'est engagée sur une trajectoire de rattrapage rapide depuis 1978. Au début du XXIe siècle, elle émerge aux tout premiers rangs des grandes puissances économiques mondiales. De 1950 à 1978, la croissance économique chinoise atteint la moyenne mondiale, de 1978 à 2002, elle bat tous les records. La marge d'incertitude sur le rythme de la croissance en Chine ne peut mettre en doute la réalité du processus de rattrapage qui est en cours depuis vingt-cinq ans.

Questions de mesure

Il est particulièrement difficile de mesurer la production et la croissance en Chine en raison de la taille du pays, de son sous-développement économique, de la faiblesse de l'appareil statistique, des changements dans les méthodes et concepts utilisés qui s'adaptent avec retard à ceux du système économique, et enfin en raison de l'utilisation fréquente des statistiques à des fins politiques.

D'après les statistiques officielles, le PIB chinois a augmenté de 9,5 % par an en moyenne de 1980 à 2005, soit une croissance de 8,5 % par habitant. Des analyses convergentes laissent penser que le rythme de croissance dans les années 1980 et 1990 doit être corrigé à la baisse de un à deux points de pourcentage. Deux phases de forte inflation (1985-1989 et 1993-1996) ont perturbé l'enregistrement de la croissance réelle. Depuis les années 2000, il y a eu plutôt sous-estimation. Quelle que soit la marge d'incertitude, le rythme de la croissance est remarquable. Il n'est pas sans précédent car il rappelle celui qu'ont connu le Japon dans les années 1950 et 1960, Singapour et Taiwan dans les années 1970. Mais, alors que leur croissance s'est ensuite ralentie, celle de la Chine se maintient à un rythme très élevé sur plus de deux décennies.

La croissance économique en Asie de l'Est, 1960-2005 : taux de croissance annuel moyen du PIB par tête
(en %)

	1960-1970	1970-1980	1980-1990	1990-2005
Japon	9,0	3,3	3,4	1,3
Corée du Sud	5,4	5,6	7,4	4,6
Hong Kong	7,0	6,6	5,2	2,9
Singapour	6,8	7,4	5,0	3,4
Taiwan	6,8	7,6	6,5	4,4
Thaïlande	5,0	4,4	6,1	3,7
Chine	1,2	4,3	7,6	8,5

Source : CEPII, base de données Chelem.

Grande puissance économique

En un quart de siècle, la Chine est devenue une grande puissance économique. Avec 5 % du PIB mondial (en dollars courants), elle est de la taille d'une grande puissance européenne et, en 2006, elle a dû dépasser la Grande-Bretagne et prendre le quatrième rang mondial derrière les États-Unis, le Japon et l'Allemagne. Ce n'est donc pas encore une superpuissance économique : elle est loin derrière les États-Unis qui produisent près de 30 % du PIB mondial, l'Union européenne à quinze (21 %) ou même le Japon (11 %). Au cours des dix dernières années, elle a été un des principaux moteurs de l'économie mondiale, avec une contribution à la croissance du PIB mondial qui a dépassé 10 %. Certes, ces estimations utilisent un taux de change qui sous-évalue le yuan, mais c'est le taux qu'utilisent les exportateurs et importateurs chinois comme les opérateurs étrangers dans leurs affaires avec la Chine. Il permet de mesurer la valeur des productions chinoises en dollars aux prix qu'elles obtiennent sur les marchés internationaux.

Poids dans le PIB mondial et contribution à la croissance

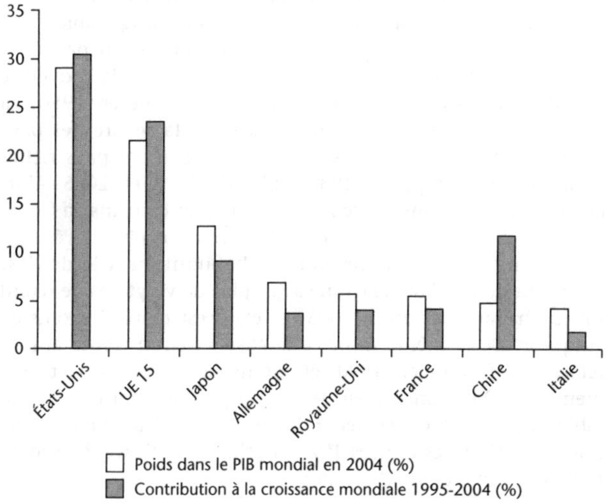

Source : CEPII-base de données Chelem.

Si l'on utilise un taux de conversion qui reflète le pouvoir d'achat interne du yuan, le poids de la Chine dans l'économie mondiale est trois à quatre fois plus grand et a déjà dépassé le Japon. Mais ce type d'estimation est surtout utile pour mesurer le niveau de vie de la population. Il sert aussi à apprécier l'importance potentielle d'un pays émergent dans la mesure où l'on admet que sa croissance économique s'accompagnera d'une appréciation de sa monnaie. Dans le cas de la Chine, les estimations de la parité de pouvoir d'achat du yuan sont particulièrement incertaines.

Une trajectoire de rattrapage

La Chine est devenue une grande puissance économique avant d'être riche. À la différence du Japon qui, dans les années 1960, était déjà un pays développé et où les grands changements structurels avaient eu lieu (notamment l'exode rural), la Chine est, en termes de revenu par habitant, encore loin des pays riches. Elle est sur une trajectoire de rattrapage rapide.

En 2005, son revenu par tête (6 300 dollars, en parité de pouvoir d'achat – PPA) atteint les deux tiers de la moyenne mondiale alors qu'il était seulement le sixième en 1980. La Chine a comblé une partie de l'écart qui la sépare des pays riches : son revenu est passé de 5 % de celui des pays riches (États-Unis et Europe) en 1980 à plus de 25 % en 2005. Alors qu'elle était plus pauvre que l'Inde il y a vingt-cinq ans, la Chine a aujourd'hui un revenu par habitant deux fois plus élevé.

Les comparaisons de revenu par habitant en Asie de l'Est montrent qu'en 1980, la Chine avait plus de vingt ans de retard sur la Thaïlande et qu'en 2005 ce retard est réduit à moins de cinq ans. De la même façon, elle avait environ trente ans de retard sur Taiwan en 1990, et moins de vingt-cinq actuellement. En 2005, son niveau de revenu par habitant est comparable à celui du Japon au début des années 1960, à celui de Hong Kong au début des années 1970, à celui de la Corée du Sud au milieu des années 1980.

PIB par tête en Asie de l'Est, 1960 à 2005

Dollars PPA	1960	1970	1980	1990	2000	2005
Japon	4 900	11 500	15 900	22 200	25 000	27 000
Corée du Sud	1 700	2 800	4 900	10 000	16 000	19 700
Hong Kong	2 900	5 700	10 900	18 100	24 000	27 600
Singapour	2 300	4 400	9 000	14 700	23 000	24 200
Taiwan	1 400	2 700	5 700	10 700	18 200	20 300
Thaïlande	1 000	1 600	2 400	4 400	6 000	7 500
Chine	400	500	800	1 600	4 200	6 300

Source : CEPII, base de données Chelem.

Les ressorts de la croissance

Capital, travail et productivité

La croissance chinoise s'explique avant tout par une forte mobilisation des facteurs de production que sont le travail et le capital Au cours de la période 1980-2004, la population active augmente rapidement (de 2,5 % par an) et les taux d'investissement atteignent des niveaux exceptionnellement élevés même au regard des taux observés en Asie et qui dépassent 40 % au début des années 2000. La productivité du travail s'est élevée grâce aux transferts de main-d'œuvre hors de l'agriculture vers d'autres secteurs, à l'augmentation du capital disponible par travailleur, à l'amélioration de la qualité de la main-d'œuvre et aux nouvelles formes d'organisation. Dans l'agriculture, les gains de productivité très rapides sont dus d'abord à la « révolution silencieuse » puis à la baisse de l'emploi. Dans l'industrie, la productivité du travail s'est fortement accélérée au cours des dix dernières années, la valeur ajoutée par travailleur y a augmenté de plus de 10 % par an ; dans les services, la progression a été plus faible (5 %). Les tentatives pour mesurer la contribution respective des différents facteurs à la croissance s'accordent à considérer que l'augmentation du capital a été le principal facteur de croissance depuis 1978. Viennent ensuite l'augmentation de la main-d'œuvre et les gains de productivité. Les gains de productivité globale des facteurs (liés à une meilleure utilisation du capital et du travail et au progrès technologique au sein de chaque secteur) sont, en Chine comme ailleurs, difficiles à mesurer, mais seraient de l'ordre de 4 % à 5 % sur les vingt dernières années [OCDE, 2005a ; Poncet, 2006].

L'investissement s'est accéléré depuis 2002, notamment sous l'effet des politiques expansionnistes des autorités locales, et a atteint des niveaux inégalés (sans doute près de 45 % du PIB en 2005) même dans les pays d'Asie de l'Est. Or la crise asiatique de 1997-1998 a mis en évidence les risques liés à un modèle de croissance marqué par le surinvestissement, une mauvaise allocation des ressources, la collusion d'intérêts politiques et économiques.

D'une croissance rapide à un développement équilibré ?

Depuis 1978, la croissance économique de la Chine a été cyclique : les phases de « surchauffe » avec expansion des productions et tensions inflationnistes (1984-1985 ; 1988-1989 ; 1993-1995) alternent avec des phases de « refroidissement » où la croissance est ralentie et les déséquilibres résorbés. Depuis la fin de 2002, l'économie chinoise est entrée dans une phase de forte croissance différente des précédentes : ses moteurs les plus puissants sont l'investissement (qui progresse de 25 % à 30 % par an) et l'exportation (+ 30 % à 35 % par an en valeur) et elle ne s'accompagne pas de tensions inflationnistes. Les hausses de prix se produisent en amont, sur les matières premières, mais elles ne se répercutent pas en aval car la concurrence est sévère sur le marché des biens de consommation et les entreprises s'efforcent d'absorber la hausse des coûts par des gains de productivité et une compression de leurs marges.

Ce régime de croissance est néanmoins déséquilibré. En 2005, beaucoup de secteurs sont en surcapacité (acier, aluminium, automobile), la croissance chinoise devient dépendante des marchés extérieurs et est vulnérable à un éventuel retournement de conjoncture mondiale. Bien qu'elle progresse de 10 %-13 % par an, la consommation des ménages apparaît encore comme un maillon faible de la croissance. La plupart des économies émergentes en Asie de l'Est ont aussi un régime de croissance où la consommation des ménages est relativement faible (autour de 50 % du PIB), mais la Chine représente un cas extrême, avec une consommation privée qui, en 2003, représentait moins de 40 % du PIB.

Niveau de vie

Indicateurs de développement humain

Le revenu moyen par tête a considérablement augmenté entre 1980 et 2005 (multiplié par 8) et la Chine fait désormais partie des pays en développement à « revenu intermédiaire » dans la classification de la Banque mondiale. Les indicateurs de « développement humain », qui tiennent compte des conditions de santé et d'éducation mettent actuellement la Chine au même niveau que les Philippines, la Tunisie ou la Turquie. L'espérance de vie à la naissance (72 ans), le taux d'alphabétisation des adultes (90 %), le taux de mortalité infantile (30 pour mille) montrent un niveau de développement humain supérieur à celui de l'Inde. Dans ces domaines, la Chine avait, avant les réformes, une nette avance mais, depuis la fin des années 1990, l'effort en matière d'éducation et de santé ne place pas la Chine devant l'Inde.

Le sous-développement et la pauvreté n'ont pas disparu : en 2003, environ un dixième de la population souffre de sous-alimentation et environ 15 % de la population vit en dessous du seuil de pauvreté monétaire de un dollar (PPA) par jour. Cette proportion est de 5 % seulement si l'on retient le seuil de pauvreté fixé par des critères nationaux.

Indicateurs de développement humain : comparaison Chine-Inde (2002-2003)

	Chine	Inde
Espérance de vie à la naissance (années)	72	63
Taux d'alphabétisation des adultes (%)	84	61
Mortalité infantile (pour mille naissances)	30	64
Dépenses de santé (en % du PIB), dont :	6	5
Dépenses publiques	*2*	*1*
Dépenses privées	*4*	*4*
Dépenses d'éducation (en % du PIB)	4	4

Source : PNUD [2005].

Consommation alimentaire

Depuis 1978, la consommation alimentaire s'améliore rapidement puisque le seuil de 2 400 calories par jour et par personne est franchi dès 1979 et l'apport se situe désormais autour de 3 000 calories. Même s'il subsiste des zones de pénurie dans les campagnes, la consommation de céréales par habitant plafonne à 256 kg et l'alimentation se diversifie. La consommation de viande atteint 50 kg par an (à Taiwan, elle est de 77 kg). Des phénomènes d'obésité apparaissent et touchent notamment les enfants et adolescents (14 % des garçons de 10-12 ans).

Les enquêtes indiquent que la part des dépenses consacrées à l'alimentation dans le budget des ménages est tombée au-dessous de la moitié, passant, entre 1978 et 2004, de 68 % à 48 % à la campagne et de 58 % à 38 % dans les villes.

Logement et biens durables

La formidable amélioration du niveau de vie de la majorité de la population est évidente dans la diffusion des biens de consommation durables. Au début du XXIe siècle, la plupart des ménages urbains sont équipés de téléviseur couleur (plus d'un par ménage), de lave-linge (94 %), de réfrigérateur (90 %) ; le magnétoscope n'est plus l'exception (42 % des ménages). Signe des temps, leur équipement en bicyclettes diminue, mais la voiture est encore un luxe inaccessible à l'immense majorité.

Le logement est l'autre grand progrès de la période de réformes. La privatisation du logement dans les années 1990 a donné lieu à un essor de la construction immobilière. La surface de logement qui était dans les villes d'environ 4 mètres carrés par personne à la fin de la période maoïste est passée à 24 en 2001. Des mesures favorisent l'accession à la propriété (crédits, ventes des logements à leurs locataires à prix réduits, subventions des entreprises). Le logement représente un poste encore faible dans le budget des ménages urbains (10 %) où les dépenses de santé comptent pour 7 %.

Le niveau de consommation à la campagne est le tiers de ce qu'il est à la ville, même si les ruraux ont eu longtemps un net avantage dans la taille des logements. Le taux d'équipement en biens de consommation durables est plus faible : 68 % des ménages ruraux ont un téléviseur, 34 % ont un lave-linge, 16 % un réfrigérateur, 3 % un magnétoscope.

La diffusion des produits de l'électronique grand public a aussi creusé une fracture entre les villes et les campagnes : dans les villes, un foyer sur trois a un ordinateur, tous ont un téléphone mobile ; à la campagne, un quart des foyers dispose d'un téléphone portable et 2 % seulement d'un ordinateur.

La montée d'une classe aisée

Selon les résultats d'enquête, en 2004, un ménage urbain dispose en moyenne d'un revenu d'environ 10 000 yuans (1 000 euros) par personne et par an. Dans la tranche de revenu la plus élevée (dernier décile), ce revenu par personne est de près de 30 000 yuans (3 000 euros), soit dix fois plus que dans la tranche de revenu la plus basse. Un gouffre s'est creusé entre les riches et les pauvres, car l'écart était seulement de quatre à un il y a dix ans. Les ménages à hauts revenus, dont la consommation se rapproche des modes de consommation des classes moyennes occidentales, représentent environ cinquante millions de personnes. Les trois quarts de ces ménages à haut revenu ont un ordinateur, et ils disposent en moyenne de près de deux téléphones portables ; mais moins de 2 % ont une voiture personnelle. Ils constituent une catégorie sociale qui a un pouvoir d'achat élevé en Chine, compte tenu du niveau des prix. La population qui a un revenu suffisant pour acquérir des biens de consommation importés ne dépasse sans doute pas 30 millions de personnes. Elles se recrutent principalement dans les métropoles et villes côtières et appartiennent à deux catégories : l'une traditionnelle, ce sont les cadres des entreprises publiques, les fonctionnaires de l'État et du Parti, qui ont un fort capital social et bénéficient d'avantages importants (par exemple pour l'achat d'appartements) ; l'autre est nouvelle, ce sont les salariés des sociétés étrangères, les entrepreneurs privés, certaines professions libérales.

Les acquis sociaux en danger

Éducation : des progrès inégaux

L'enseignement primaire comporte six années et compte 112,5 millions d'inscrits en 2003 et les diplômés représentent 96 % de la tranche d'âge. L'école primaire, en principe obligatoire depuis 1986, n'est toujours pas gratuite. Les établissements relèvent des autorités locales et les moyens dont ils disposent, la qualité de l'enseignement et des enseignants sont très variables.

L'enseignement secondaire comporte deux cycles de trois années chacun et compte en tout 100 millions d'inscrits. Le premier cycle est en principe obligatoire (mais sans gratuité) et 80 % de la classe d'âge en sort avec un diplôme. Dans le deuxième cycle, cette proportion n'est que de 35 %. Dans l'enseignement secondaire aussi, les différences régionales sont fortes.

La Chine a fait un gros effort pour rattraper son retard dans la diffusion de l'enseignement supérieur. Le nombre d'étudiants a plus que quadruplé en dix ans et a atteint 13,3 millions en 2005. Cette extension rapide s'est parfois faite au détriment de la qualité.

Les dépenses publiques pour l'éducation stagnent autour de 3,2 % du PIB, malgré des engagements réitérés du gouvernement de les porter à 4 %. Comme ces fonds publics sont mobilisés au niveau local, les disparités sont très importantes. Les écarts de niveau d'éducation entre provinces vont croissant depuis 1995 et sont de nature à freiner durablement l'éventuel rattrapage des provinces pauvres.

Les financements publics ne couvrent que les deux tiers des coûts totaux de l'éducation. En 2001, la Chine ne faisait pas mieux que l'Inde, en termes d'effort global pour l'éducation et beaucoup moins bien en termes de dépenses publiques. L'objectif gouvernemental est de rendre gratuite en 2015 toute la scolarité obligatoire. La Chine se situe en queue du peloton mondial pour le niveau des dépenses publiques consacrées à l'éducation comme d'ailleurs pour la santé.

Santé : retour de la précarité

Après les progrès précoces de la santé publique au cours de la période maoïste, la hausse des revenus et de la consommation depuis 1978 ne s'est pas accompagnée d'une amélioration analogue des conditions de santé de la population. Les dépenses de santé n'ont pas cessé d'augmenter : elles représentent en 2,9 % du PIB en 1978, 4,2 % en 1999 et dépassent 5 % du PIB en 2003, mais elles sont de plus en plus à la charge des patients et s'accompagnent d'une inégalité croissante dans l'accès aux soins. Certains indicateurs, comme le taux de mortalité des enfants de moins de 5 ans, montrent que les progrès réalisés depuis le début des années 1990 sont minces. Le regain de certaines maladies (tuberculose, hépatite) et la propagation du sida qui touche un million de personnes (chiffre officiel), l'épidémie de SRAS en 2003 révèlent une situation sanitaire préoccupante, notamment dans certaines provinces, et des problèmes importants de santé publique.

La réforme du secteur de la santé amorcée en 1996 a entraîné une baisse des dépenses publiques et le recours croissant aux mécanismes de marché. Les hôpitaux ont été incités à couvrir leurs coûts et à ajuster leurs activités aux impératifs de rentabilité. Ils tendent à privilégier les examens coûteux, à élever leurs tarifs. La plupart des médecins, autrefois salariés, sont passés à un système de paiement à l'acte. Un secteur hospitalier privé se développe (10 % des hôpitaux). D'une manière générale, l'inégalité dans l'accès aux soins, qui existait déjà avant les réformes, s'est considérablement creusée, notamment entre les ruraux et les urbains, les régions pauvres et les régions riches. Il y aurait une différence de vingt ans entre l'espérance de vie de la catégorie la plus riche et celle de la plus pauvre. Les provinces les plus pauvres, qui ont les indicateurs de santé les plus médiocres, sont celles qui ont le moins de fonds publics à consacrer à la santé.

La dislocation du système de couverture sociale. — Avec la disparition des communes populaires, le système de coopérative médicale à la campagne s'est effondré. La disparition des structures collectives à la campagne a notamment affaibli les mesures antiépidémiologiques (vaccination). À la fin des années 1990, l'immense majorité des paysans (80 %) ne dispose d'aucune couverture des frais médicaux et un grand nombre n'ont pas les moyens de se soigner en cas de maladie.

Dans les villes, la population couverte par le système de protection sociale du secteur d'État a considérablement diminué du fait de la chute des emplois dans ce secteur. En 1998, le gouvernement a lancé un programme d'assurances sociales pour les travailleurs urbains, qui est mis en œuvre au niveau local, et couvre environ la moitié des travailleurs urbains en 2004.

Les dépenses publiques de santé ne suivent pas la progression globale des dépenses budgétaires ni celle du PIB. Leur poids est tombé à 3,4 % dans le budget, et les finances publiques ne couvrent que 17 % des dépenses totales de santé (contre 25 % entre 1990).

La laborieuse mise en place d'une protection sociale. — La dislocation des structures qui, jusqu'en 1978, assuraient à la grande majorité de la population urbaine un emploi à vie, une couverture sociale et une retraite (le « bol de riz en fer ») a laissé un vide qui n'est que progressivement comblé. Le gouvernement a entrepris de mettre en place des fonds d'assurances sociales alimentés par des cotisations de l'employeur et des salariés et couvrant maladie, accident, maternité, chômage et retraites. Les employeurs versent en général 20 % de la masse salariale pour le fonds de retraite, 2 % pour le chômage et 6 % pour l'assurance-maladie. Cependant, les contributions varient car les fonds sont mis en place au niveau local et seront progressivement « mutualisés » au niveau provincial d'abord, national enfin. Beaucoup d'entreprises, notamment privées, échappent au système. La protection ne couvre encore qu'une fraction de la population urbaine, les ruraux en sont exclus ainsi que les travailleurs sous contrat temporaire [OCDE, 2005b]. En 2003, parmi les actifs urbains (258 millions, y compris les migrants), 40 % avaient une assurance-chômage (104 millions de cotisants), 45 % avaient une assurance-retraite de base (116 millions), et 34 % avaient une couverture médicale (80 millions). Depuis 1997, il existe dans les villes un « revenu minimum » (dont le niveau varie selon les endroits) qui couvre 22 millions de personnes en 2004. Un système analogue couvre la moitié des zones rurales (les plus prospères) et compte 5 millions de bénéficiaires.

La crise du système des retraites. — Avant les réformes, les entreprises d'État (et certaines entreprises collectives) finançaient les retraites de leurs employés suivant des règles nationales : les départs à la retraite étaient précoces et les taux de remplacement élevés (80 % du salaire).

Depuis le milieu des années 1980, l'arrivée à l'âge de la retraite de générations nombreuses, les difficultés financières des entreprises d'État, la multiplication des entreprises privées ont rendu nécessaire l'établissement d'un nouveau système. Après des tâtonnements, le système mis en place à partir de 1997 repose sur trois piliers : 1) une retraite de base financée par les cotisations des entreprises (20 % de la masse salariale) ; 2) un compte personnel alimenté à la fois par les cotisations de l'intéressé et celles de son employeur (11 % du salaire en tout) ; 3) le cas échéant, un programme de retraite complémentaire financé par les entreprises. Le premier pilier correspond à un système par répartition. Dans le deuxième pilier, les comptes personnels sont seulement notionnels car ils étaient conçus pour financer la retraite des futurs retraités mais ils servent en fait à financer le déficit du système par répartition (les allocations aux actuels retraités).

La dette implicite contractée par l'État envers les salariés (les droits acquis à la retraite) représente environ 40 % du PIB en Chine, une proportion relativement faible (elle dépasse 100 % dans les pays de l'OCDE). La Chine devrait donc pouvoir financer les coûts de la transition vers un système qui lui permette de faire face au vieillissement rapide de sa population après 2010 [*Revue d'économie financière*, 2005].

Lignes de fractures

Depuis les années 1990, les fruits de la croissance chinoise ont été très inégalement répartis et les inégalités de revenus se sont creusées. L'écart de revenu entre la catégorie la plus pauvre des ruraux et la catégorie la plus riche des urbains est de un à vingt en 2004 (contre un à quatorze en 1999).

La distribution des revenus montre que la Chine est devenue un pays plus inégalitaire que l'Inde. Le coefficient de Gini est de 45 en Chine contre 32 en Inde.

Part dans le revenu ou la consommation
(en %)

	10 % les plus pauvres	20 % les plus pauvres	20 % les plus riches	10 % les plus riches
Chine (2001)	1,8	4,7	50,0	33,1
Inde (1999)	3,9	8,9	43,3	28,5

Source : PNUD [2005].

La montée des inégalités qui a accompagné la croissance des quinze dernières années a créé de multiples lignes de fracture dans l'économie et la société chinoises : entre les villes et les campagnes, entre les catégories sociales dans les villes, entre les provinces de la façade maritime du pays et celles de l'intérieur.

Les inégalités villes-campagnes

La ligne de fracture majeure est celle qui sépare les villes des campagnes. Jusqu'au milieu des années 1980, l'amélioration des revenus dans les campagnes a été plus rapide que dans les villes et l'écart s'est réduit pour n'être plus que de un à deux. Depuis, l'écart de revenu n'a cessé de se creuser et il est actuellement plus grand qu'il n'était avant le début des réformes. Le revenu moyen dans les campagnes est le tiers du revenu moyen dans les villes. Les foyers paysans classés dans la catégorie à « haut revenu » ont un revenu par tête qui n'atteint pas celui de la moyenne des résidents urbains. La moitié des ruraux vit avec un revenu qui est un sixième de celui du citadin.

L'extrême pauvreté

Selon les autorités chinoises, qui fixent le seuil de subsistance à un niveau très bas, il y a, au début des années 2000, environ 50 millions de pauvres (moins de 5 % de la population). Selon les critères internationaux qui fixent le seuil de pauvreté pour l'ensemble des pays à un dollar par jour (en parité de pouvoir d'achat), la Chine compte entre 110 et 220 millions de pauvres, soit entre 9 % et 17 % de la population [Banque mondiale, 2003]. Quel que soit le critère retenu, le nombre et la proportion de personnes vivant dans l'extrême pauvreté ont considérablement baissé, puisqu'ils étaient au début des années 1990 entre 260 et 380 millions à vivre avec moins de un dollar par jour. La réduction du nombre de pauvres a été due principalement à la forte croissance économique et non à une meilleure distribution et son aggravation a coïncidé avec le ralentissement de la croissance dans la seconde moitié des années 1990.

Un phénomène d'abord rural. — En 2002, les campagnes chinoises comptaient 26 millions de personnes en dessous du seuil de pauvreté selon les sources officielles, et entre 100 et 160 millions selon la Banque mondiale. Le nombre de personnes touchées par l'extrême pauvreté a diminué de moitié en dix ans. La pauvreté rurale est localisée dans des localités montagneuses et isolées. Elle est de plus en plus concentrée dans les provinces du Sud-Ouest (Yunnan, Guizhou) et du Nord-Ouest, les plus déshéritées, et qui comptent plus des deux tiers des pauvres à la fin des années 1990, contre 57 % à la fin des années 1980. En outre, dans ces régions, les pauvres sont plus pauvres que dans les provinces plus développées.

L'extrême pauvreté dans les zones rurales vient de la forte dépendance de la population à l'égard d'une agriculture de subsistance, de l'absence de sources diversifiées de revenus, de l'éloignement et du manque d'infrastructures de transport qui rendent l'émigration difficile. Les ressources fiscales locales comme des transferts de l'État sont faibles et les fonds alloués par le gouvernement n'arrivent pas toujours jusqu'aux pauvres.

Les nouveaux pauvres urbains. — Les travailleurs urbains licenciés ou mis à pied par leurs entreprises ont été les grands perdants de la transition. Les possibilités de réemploi varient selon les régions et sont très limitées dans les provinces où le secteur privé n'a pas pris le relais des entreprises d'État sinistrées, comme les provinces du Nord-Est. Le chômage touche aussi les jeunes, y compris les diplômés. La grande majorité des chômeurs, que l'on peut estimer à 30 millions, est peu ou pas indemnisée (10 % à 20 % du salaire moyen). Le secteur informel leur fournit les moyens d'une subsistance précaire. Les nouveaux pauvres sont donc ces chômeurs non indemnisés, les retraités dont les retraites ne sont pas payées, et les travailleurs dont les salaires ne sont pas versés. Le système d'allocation de revenu minimum couvre plus de 20 millions de citadins. Mais les immigrants ruraux temporaires, légaux ou illégaux, ne sont pas comptés dans ces évaluations de la pauvreté urbaine, alors qu'ils sont parmi les plus pauvres des urbains. De source chinoise, à la fin des années 1990, environ 11 % des citadins vivaient sous le seuil de pauvreté et cette proportion atteignait 25 % dans certaines provinces.

Les inégalités régionales

L'avance des régions côtières. — Depuis 1978, les équilibres régionaux ont été bouleversés par l'essor économique des provinces côtières et le recul relatif des anciens pôles industriels et des provinces de l'intérieur.

La façade maritime qui regroupe huit provinces, l'île de Hainan et trois municipalités de rang provincial (Pékin, Tianjin, Shanghai) a pris un rôle dominant dans l'activité économique. Avec un poids dans la population qui est resté stable depuis 1978, autour de 38 %, sa contribution au produit intérieur brut du pays est passée de 48 % à 60 % entre 1978 et 1998 et s'est depuis stabilisée à ce niveau. En 2004, elle fait moins de la moitié de la production agricole mais plus de 60 % de la production de l'industrie et des services.

Poids des régions côtières en 2004
(en %)

	Chine	Côte	Intérieur
Produit intérieur brut	100	60	40
Agriculture	100	45	55
Industrie et bâtiment	100	63	37
Services	100	63	37
Exportations	100	93	7
Importations	100	94	6
IDE (1979-2001)	100	82	18

Source : *China Statistical Yearbook*, 2005.

Cette évolution reflète d'abord la montée en puissance des provinces du sud de la façade maritime, et principalement du Guangdong, qui ont bénéficié de plusieurs atouts : encore peu industrialisées en 1978, avec peu d'entreprises d'État, elles ont eu un rôle d'avant-garde dans la libéralisation économique et ont bénéficié de la proximité de Hong Kong et de Taiwan. Les grandes métropoles côtières (Shanghai, Pékin) ont d'abord pris du retard dans la libéralisation économique, et regagné du terrain dans les années 1990, avec la relance des réformes.

Les provinces du Nord-Est (ancienne Mandchourie) ont subi de plein fouet la crise de leurs industries lourdes, vieillies et dominées par les entreprises d'État. Les trois provinces du Liaoning, du Jilin et du Heilongjiang apparaissent ainsi sinistrées et leurs restructurations industrielles semblent très difficiles.

La dynamique de croissance qui s'est imposée a favorisé les provinces les mieux dotées en infrastructures, en main-d'œuvre qualifiée, en ressources financières d'origine locale ou étrangère. Depuis le début des années 1980, le gouvernement a donné délibérément la priorité à la modernisation industrielle des régions côtières, en escomptant que leur croissance aurait des effets d'entraînement sur les autres régions. En fait, l'écart s'est creusé. Les évolutions du PIB par habitant montrent qu'un bouleversement de la hiérarchie provinciale s'est opéré depuis 1978. Certes, les trois métropoles (Pékin, Shanghai, Tianjin) sont toujours en tête du classement, mais alors que parmi les dix suivantes il y avait en 1978 sept provinces de l'intérieur, en 2003, neuf sont des provinces côtières.

De fortes disparités de revenus. — Le PIB par tête de la façade maritime qui dépassait de 30 % la moyenne chinoise en 1978, la dépasse de 45 % depuis 2001, alors que dans les provinces de l'intérieur, le PIB par tête atteint juste les deux tiers de la moyenne. Dans la province la plus pauvre (le Guizhou), il se situe au tiers de la moyenne, à Shanghai, il est quatre fois plus élevé que la moyenne. L'écart de revenu par habitant entre Shanghai, la ville la plus riche, et le Guizhou, la province la plus pauvre, est de un à dix. On vit à Shanghai et Pékin à peu près comme au Portugal ou en Argentine, alors que, dans la province du Guizhou, le niveau de vie se rapproche de celui de la Namibie.

Des régions côtières très intégrées dans l'économie mondiale. — En 1978, l'économie chinoise était très fragmentée, en raison des politiques d'autosuffisance locale et de la faiblesse des infrastructures de transport. La décentralisation économique a exacerbé les tendances protectionnistes provinciales et locales qui ont donné lieu, dans les années 1990, à la multiplication des entraves aux échanges et à des « guerres » pour les matières premières ou les débouchés. Les échanges entre provinces ont progressé beaucoup moins vite que l'activité économique. La politique d'ouverture a plutôt distendu les liens entre les provinces chinoises et accéléré l'insertion des économies côtières dans l'économie mondiale.

Indicateurs d'ouverture des régions en 2001

	Exportations en % du PIB	Importations en % du PIB	Part des filiales étrangères dans l'industrie*
Chine	30	29	31
Provinces côtières, dont :	46	44	38
Guangdong	*99*	*86*	*62*
Shanghai	*81*	*96*	*63*
Provinces intérieures	8	7	11

* En % de la production industrielle.

Source : China Statistical Yearbook.

Les économies côtières réalisent une part écrasante des échanges extérieurs et des investissements directs étrangers (IDE) et leur économie est très ouverte : les exportations représentent en moyenne 45 % du PIB et cette proportion atteint 80 % à Shanghai et 99 % dans la province de Guangdong. Les entreprises à capital étranger réalisent près de 40 % de la production industrielle de la zone côtière, et cette proportion atteint 60 % dans la province du Guangdong et à Shanghai.

La poursuite de l'ouverture et des réformes économiques devrait continuer à bénéficier principalement aux provinces côtières et risque d'affaiblir encore les liens déjà distendus entre celles-ci et l'intérieur. Une telle perspective plaide pour une politique gouvernementale qui facilite les échanges entre provinces et qui augmente les transferts interrégionaux. À la fin des années 1990, les autorités ont adopté un programme de développement de l'Ouest destiné à accélérer la modernisation des provinces de l'intérieur grâce à des investissements publics et une ouverture aux investissements étrangers.

V / La Chine dans l'économie mondiale

Du seul fait de la taille de sa population, la Chine est assez naturellement un poids lourd dans les productions mondiales. Pendant la période maoïste, le nombre des travailleurs dans l'industrie chinoise éclipsait déjà celui des plus grands pays. Ce qui a changé depuis, ce n'est pas la supériorité numérique écrasante de la main-d'œuvre chinoise, mais le fait que son activité est désormais reliée au marché mondial. Exportations et importations, afflux de capitaux étrangers témoignent de l'intégration de la Chine à l'économie mondiale. Actuellement, l'industrie manufacturière emploie plus de 100 millions de personnes en Chine, soit près de deux fois plus que dans l'ensemble du G7 (53 millions si l'on agrège États-Unis, Canada, Japon, France, Allemagne, Italie, Royaume-Uni).

L'économie de la Chine apparaît plus ouverte que celle de la plupart des autres grands pays en développement. Ses échanges extérieurs ont progressé encore plus vite que ses productions et, en 2004, ils représentent près de 60 % du PIB contre 10 % en 1978. L'ouverture au commerce extérieur est beaucoup plus grande qu'en Inde (où le commerce extérieur représente 23 % du PIB), qu'au Brésil (25 %) ou même qu'en Indonésie (52 %). La Chine est une économie plus ouverte que le Japon ne l'a jamais été (les échanges extérieurs y font moins de 20 % du PIB actuellement).

La Chine est aussi un pays relativement ouvert aux investissements internationaux. Les investissements étrangers ont afflué depuis le début des années 1990 et, selon les statistiques chinoises, ils ont atteint en moyenne 45 milliards de dollars par an, soit le quart de ceux allant à l'ensemble des pays en développement. Ces chiffres sont surestimés, d'abord parce qu'ils apparaissent supérieurs à ceux que les pays partenaires déclarent investir en Chine, ensuite parce qu'ils incluent des capitaux venant de Chine continentale et passant par Hong Kong pour se réinvestir en Chine et y bénéficier du traitement privilégié accordé aux investissements étrangers. Ces « faux » investissements étrangers (*roundtripping*) pourraient représenter jusqu'au quart du total.

Même en tenant compte du gonflement des chiffres, l'importance des IDE est remarquablement élevée pour un pays de la taille de la Chine : le stock d'IDE représente 15 % du PIB en 2004, plus qu'à Taiwan (13 %) et deux fois plus qu'en Corée du Sud, deux économies ouvertes depuis longtemps.

La moitié du total des investissements étrangers en Chine vient du seul Hong Kong. Les États-Unis sont le deuxième investisseur (9 %), suivis du Japon et de Taiwan (avec chacun 8 % du total) et de l'Union européenne (8 %). Les IDE se concentrent à 60 % dans l'industrie manufacturière, un quart se dirige vers l'immobilier, moins de 15 % vers les services qui étaient peu ouverts aux entreprises étrangères avant 2001.

Usine du monde

À la fin des années 1980, les pays industrialisés d'Asie ont commencé à ressentir la perte de compétitivité liée aux renchérissements de leurs coûts de main-d'œuvre et à l'appréciation de leurs monnaies. Comme, au même moment, la Chine cherchait à attirer sur son territoire des industries exportatrices, il s'est amorcé un vaste mouvement de délocalisation en Chine des activités industrielles d'Asie de l'Est. Dans le textile d'abord, puis dans l'électronique, les stades de production aval intensifs en travail ont été transférés en Chine.

Quand le mouvement de globalisation s'est amplifié dans les années 1990, la Chine a pris une part active à la réorganisation des productions industrielles à l'échelle mondiale.

Plate-forme d'exportation

La pression concurrentielle a conduit les entreprises des pays industrialisés à rechercher des sites de production à bas coûts. Pour tirer parti des avantages comparatifs qu'offrent les différents pays, elles ont accentué la fragmentation internationale de la chaîne de production et elles ont installé des filiales à l'étranger et/ou multiplié les contrats d'approvisionnement auprès de producteurs locaux. Dans ces réseaux de production, les pays en développement sont des fournisseurs à bas coûts pour les stades de production intensifs en travail et la Chine, grâce à ses infrastructures, à la quantité et à la qualité de sa main-d'œuvre, est devenue la plus grande plate-forme mondiale de production pour l'exportation. Ses usines extraverties forment désormais un maillon essentiel dans la chaîne mondiale de valeur ajoutée [Lemoine et Ünal-Kesenci, 2002].

En 2005, plus de la moitié des exportations chinoises provient d'opérations d'assemblage et de transformation de produits intermédiaires et composants importés, et ce sont des filiales d'entreprises étrangères qui mènent l'essentiel de ces opérations (plus de 80 %). L'excédent chinois dans le commerce d'assemblage a triplé depuis 2001 et dépasse 145 milliards en 2005.

Pays d'assemblage, la Chine exporte principalement des produits finis : électroménager, électronique grand public, ordinateurs. Parallèlement, elle importe principalement des produits intermédiaires et en particulier de plus en plus de pièces et composants (P&C). Les industries électriques et électroniques sont en effet des secteurs dans lequel la division internationale des processus productifs est particulièrement avancée.

Pivot de la division du travail en Asie

L'essentiel des importations chinoises de produits intermédiaires vient d'Asie. L'ouverture de la Chine a donné une nouvelle impulsion à la division internationale du travail dans la région, comme le montre le poids croissant des P&C dans les échanges intra-asiatiques de produits manufacturés (qui est passé de 20 % à 31 % entre 1993 et 2004). La Chine est à l'origine de ce dynamisme : elle absorbe un cinquième du commerce régional de composants en 2004 (moins de 8 % en 1993).

L'émergence de la Chine a entraîné une redistribution des productions industrielles en Asie. Les échanges des pays développés de la région (le Japon, Taiwan, la Corée du Sud, Hong Kong, Singapour) avec la Chine se sont accélérés, fondés sur de fortes complémentarités le long de la chaîne de production : les premiers spécialisés dans les stades amont (produits semi-finis, P&C), la Chine dans les stades aval (produits finis).

La Chine et les autres pays d'Asie dans le commerce mondial de produits manufacturés, 1993-2004
(en %)

	Exportations		Importations	
	1993	2004	1993	2004
Japon	12	7	5	4
Dragons*	10	9	10	9
Tigres**	3	3	3	2
Chine	4	9	3	6
Inde	1	1	1	1
Autres	3	3	3	3
Total Asie	32	32	26	25
Monde	100	100	100	100

* Dragons : Corée du Sud, Hong Kong, Taiwan, Singapour.
** Tigres : Malaisie, Philippines, Thaïlande.

Source : CEPII-base de données BACI.

La Chine est désormais la première puissance commerciale en Asie. Dans le commerce intra-régional, son poids a doublé entre 1993 et 2004 et a atteint 23 %. Elle a largement dépassé le Japon comme principal marché pour les industries manufacturières d'Asie et l'a presque rattrapé comme fournisseur de la région en produits manufacturés.

Au moins jusqu'en 2003, la montée en puissance de la Chine ne semble pas avoir notablement affecté la position des pays émergents d'Asie (Malaisie, Philippines, Thaïlande), qui apparaît relativement stable dans les exportations mondiales comme au sein de la région.

Impact sur les déséquilibres mondiaux

La puissance commerciale de la Chine vient donc largement de son insertion dans les systèmes productifs asiatiques. Un commerce triangulaire s'est mis en place : les économies avancées d'Asie (Japon, Taiwan, Corée du Sud) exportent désormais moins de produits finis vers les États-Unis et l'Europe et toujours plus de pièces et composants vers leurs bases de production en Chine, qui à son tour exporte les produits finis (à fort contenu en importation). Les entreprises américaines interviennent indirectement dans ce circuit : elles sous-traitent à des entreprises asiatiques, souvent de Taiwan et de Singapour, qui à leur tour font fabriquer ou assembler les produits en Chine. Les États-Unis et l'Europe, du fait de la distance, fournissent relativement peu de produits intermédiaires à ces bases de production en Chine mais sont les principaux destinataires des produits finis. Il y a donc une asymétrie intrinsèque des échanges de la Chine avec les pays « occidentaux ».

La Chine tire son excédent commercial des opérations d'assemblage. Elles sont pratiquement équilibrées avec le Japon, déficitaires avec la Corée du Sud et Taiwan et largement excédentaires sur les pays « occidentaux » (États-Unis et Europe). Les excédents commerciaux de la Chine sur les États-Unis et l'Europe doivent donc être interprétés à la lumière de la division du travail entre la Chine et les pays industrialisés d'Asie.

Au cours des dix dernières années, le poids de l'Asie dans le commerce mondial a peu varié mais la région a triplé son excédent commercial, qui dépasse 350 milliards de dollars en 2004. L'essentiel de cet excédent vient des exportations de produits finis. Ainsi, la demande finale qui, en dernier ressort, tire la division du travail dans la région, se situe en Amérique et en Europe. La Chine a certes ouvert son marché intérieur, mais elle n'a pas (encore ?) créé un moteur autonome pour le commerce et les économies de la région.

Une grande puissance commerciale

Portée par la vague de globalisation, la Chine a pris une place de premier plan dans le commerce mondial. En 2004, elle est devenue la troisième puissance commerciale du monde, derrière l'Allemagne et les États-Unis. Son poids dans les exportations mondiales de produits manufacturés est passé de 1 % en 1980 à 4 % en 1993 et à 9 % en 2004. Cette progression rappelle celle du Japon dont le poids dans les exportations mondiales était passé de 1,5 % à 6,6 % entre 1953 et 1973. Le contexte était cependant très différent car le Japon est resté relativement fermé aux investissements internationaux.

L'irrésistible essor des exportations : du textile à l'électronique

Au cours des années 1980, les exportations chinoises ont été portées par les produits d'industries traditionnelles, le textile-habillement et les articles manufacturés divers, comme les jouets. Puis, dans les années 1990, elles se sont diversifiées rapidement car les exportations des secteurs nouveaux comme le matériel électrique, les produits électroniques ont connu des croissances record. Le textile-habillement, qui était le principal secteur d'exportation au début des années 1990, enregistre un net recul, passant de 38 % à 17 % des machines et équipements. Celle-ci s'explique par les exportations totales entre 1993 et 2004, face à la très forte progression des exportations de matériel électronique qui devient le principal poste d'exportation avec un tiers du total. Le matériel électrique et les autres types de machines et équipement sont aussi des postes d'exportation dynamiques.

Évolution des exportations de la Chine par grandes catégories de produits
(Structure, en %)

	1993	2005
Machines et équipement	18	46
Textile et habillement	38	17
Articles manufacturés divers	11	14
Produits chimiques, matériaux de construction	9	7
Métallurgie, produits métalliques	5	7
Produits agricoles et alimentaires	12	2
Matériel de transport	2	4
Matières premières et combustibles	5	3
Total	100	100

Source : Statistiques douanières de la République populaire de Chine.

Percée sur les marchés mondiaux

Actuellement, la Chine reste le premier exportateur mondial d'habillement avec une part du marché mondial qui dépasse 20 %, et le deuxième exportateur de textiles (avec 15 % du marché, elle est derrière l'Union européenne). En janvier 2005, les quotas qui régissaient les importations de textiles des États-Unis et de l'Union européenne ont été éliminés, ce qui devait bénéficier à la Chine dont les exportations étaient jusque-là bridées. En fait, en 2005, les exportations chinoises de textiles n'ont guère connu d'accélération, notamment parce que les importateurs ont préféré maintenir la diversité de leurs approvisionnements craignant un éventuel retour des quotas ; et, de fait, l'Union européenne comme les États-Unis ont utilisé les mesures de sauvegarde qui leur permettent de limiter la progression des exportations chinoises pendant une période transitoire qui s'achèvera en 2008.

Le secteur des nouvelles technologies. — La Chine est devenue un acteur majeur dans l'offre et la demande mondiales de produits liés aux nouvelles technologies (technologies de l'information et de la communication ou TIC). En 2004, la Chine est un des premiers producteurs et le premier exportateur de produits de nouvelles technologies.

Le développement de l'industrie électronique en Chine s'est amorcé au début des années 1980 quand les entreprises taiwanaises ont délocalisé en Chine leurs activités d'assemblage. Le mouvement s'est amplifié dans les années 1990 et la Chine est devenue la plus grande plate-forme mondiale d'assemblage de produits liés aux TIC.

En 2004, la Chine réalise environ 15 % des exportations mondiales d'électronique. Les filiales étrangères assurent les deux tiers de sa production et la quasi-totalité de ses exportations dans ce secteur (90 % des exportations de matériel informatique, 80 % de celles de matériel de télécommunication). Comme les usines utilisent des composants importés, la Chine est le troisième importateur mondial de semi-conducteurs. Elle importe 95 % de ses besoins en circuits intégrés.

Les plus grandes multinationales sont présentes en Chine : Motorola, HP, Dell, Nokia, Alcatel. Elles y ont créé aussi des centres de R&D, qui évoluent progressivement de l'adaptation au marché local vers la recherche. Dans les filiales américaines en Chine, le taux de valeur ajoutée reste encore deux fois moindre que dans leurs filiales au Japon.

De leur côté, les firmes chinoises évoluent du simple assemblage à la conception et la production. À part China Telecom, les plus grandes (Lenovo, TCL, ZTE, Huawei) sont encore petites face aux géants mondiaux : Lenovo après son rachat des ordinateurs personnels d'IBM pèse moins de 4 % sur le marché mondial, alors que Dell en fait 32 % et HP 20 %.

Le retard technologique des firmes chinoises est encore grand même s'il se réduit rapidement notamment grâce à leurs opérations d'acquisition à l'étranger. Les entreprises chinoises bénéficient d'un gigantesque marché intérieur qui apparaît comme le plus dynamique du monde. En 2004, la Chine est le premier marché mondial pour les téléphones portables, le deuxième marché pour les ordinateurs.

L'ouverture du marché intérieur

Les importations de la Chine sont destinées d'une part aux industries d'assemblage, d'autre part au marché intérieur. Depuis le milieu des années 1990, les importations pour le marché intérieur ont connu une progression accélérée favorisée par la baisse des tarifs douaniers, engagée par la Chine en vue de son accession à l'OMC puis par le rebond de la croissance depuis 2002. En 2004, elles représentent 60 % des importations totales du pays et comptent pour 4 % dans le commerce mondial. La Chine n'est pas seulement un atelier et elle devient aussi de plus en plus un marché. Depuis 2003, ses importations de produits agricoles et alimentaires, de matières premières et de combustibles ont bondi. Du fait à la fois de ses besoins internes et de l'essor de ses industries exportatrices, la Chine absorbe plus de 6 % des exportations mondiales.

L'impact croissant de la demande chinoise sur les marchés mondiaux

L'augmentation de la demande chinoise d'importation ces dix dernières années a porté principalement sur les produits manufacturés, produits intermédiaires (matières plastiques, fils et tissus, composants électroniques) et biens d'investissement, (machines spécialisées, machines-outils). Cependant, depuis 2002, c'est sur le marché des matières premières et de l'énergie que l'impact de la demande chinoise a été le plus spectaculaire.

L'économie chinoise est très « gourmande » en matières premières et en énergie. En 2003-2004, l'accélération de la croissance chinoise a entraîné une augmentation de ses besoins d'importation de pétrole et a contribué à la flambée des cours mondiaux. La Chine est le deuxième consommateur mondial de pétrole après les États-Unis, avant le Japon. Sa consommation de pétrole, qui représentait 5 % du total mondial en 1995, a atteint 7 % en 2003. La progression de ses importations de pétrole a contribué à 40 % de l'augmentation des importations mondiales.

Dans le domaine des matières premières, sa production ne suit pas la progression de ses besoins et elle est devenue un importateur de premier plan de nombre de produits de base. En 2003-2004, elle a absorbé un tiers des exportations mondiales de fer, 23 % des exportations d'aluminium, 18 % de celles de cuivre, 16 % de celles de zinc. Dans le secteur agricole, elle a absorbé plus de 50 % des exportations mondiales de laine, 40 % des exportations mondiales de bois et de coton, 45 % de celles de soja, 25 % de celles d'huile de palme. Elle a contribué à la hausse des cours mondiaux de ces produits, ainsi qu'à l'augmentation des tarifs du fret maritime.

Dépendance ou rattrapage technologique ?

La montée en gamme technologique

L'insertion de la Chine dans la segmentation internationale des processus de production a puissamment contribué à la montée en gamme technologique du commerce extérieur chinois. Par rapport à d'autres pays en développement, la Chine se singularise par une proportion relativement élevée de produits high-tech dans ses échanges extérieurs. Les produits high-tech font environ 15 % des importations chinoises (contre 4 % pour l'Inde), et comme ils sont ensuite pour une large part incorporés dans les exportations, la Chine se singularise aussi par une proportion très élevée d'exportations high-tech : 13 %, contre 4 % des exportations indiennes.

La Chine a donc des capacités d'exportation de haute technologie qui sont largement supérieures à celles d'autres pays émergents, mais ce contenu en haute technologie vient des composants high-tech importés qui y sont incorporés

Ce sont d'ailleurs les entreprises à capitaux étrangers qui dominent ces exportations de haute technologie (elles font 70 % de ces importations et 80 % de ces exportations en 2004). La prépondérance des sociétés à capital étranger ne cesse de s'accroître ces dernières années et les entreprises entièrement étrangères y prennent un poids croissant au détriment des *joint-ventures*. Dans les secteurs high-tech encore plus qu'ailleurs, la préférence des investisseurs étrangers va aux entreprises dont ils contrôlent entièrement le capital. Cette situation ne favorise pas les transferts de technologies aux entreprises locales.

Inerties du secteur exportateur traditionnel

À côté des industries très compétitives dominées par les filiales étrangères et intégrées dans les réseaux internationaux de production et d'échanges, il existe un secteur exportateur traditionnel où opèrent les entreprises chinoises. Depuis dix ans, les exportations des entreprises chinoises ont progressé de 12 % en moyenne et ont élargi leur part de marché mondial (de 1,9 % à 3 % en dollars de 1992 à 2004), mais leur progression a été deux fois moins rapide que celle des filiales étrangères (+ 28 %) qui les ont dépassées depuis 2002.

Les entreprises chinoises sont positionnées sur des secteurs d'exportation traditionnels assez diversifiés et font la majeure partie des exportations de vêtements, produits chimiques, métaux et produits métalliques. Cette spécialisation fait qu'elles sont à l'écart de la montée en gamme technologique des exportations chinoises.

Certes, de grands groupes chinois ont émergé ces dernières années dans les secteurs des technologies de l'information et de la télécommunication (Huawei, ZTE, Lenovo, TCL) qui font preuve d'une très grande compétitivité internationale. Ils sont encore plus l'exception que la règle mais leur renforcement devrait atténuer progressivement le dualisme qui marque les échanges extérieurs chinois.

Les limites de la compétitivité-prix

La Chine est spécialisée dans les produits bon marché. Lorsque l'on analyse les échanges internationaux en termes de gamme de prix (haute, moyenne, basse), on constate qu'en 2004, plus de 70 % de ses exportations sont dans la gamme de prix bas, contre 50 % dans le cas de celles de l'Inde. Même dans les produits de haute technologie, la structure des exportations de la Chine apparaît déformée vers le bas. Ainsi, au début des années 2000, les trois quarts des exportations chinoises de produits électroniques de haute technologie se font dans la gamme de prix la plus basse, et seulement 8 % dans le haut de gamme.

Le bas prix des exportations chinoises vient sans doute de ce qu'elles sont composées majoritairement des variétés de produits les moins sophistiquées. Il se peut aussi que les coûts de production en Chine se traduisent par des prix plus bas que ceux des concurrents à qualité égale (compétitivité-prix). Enfin, on ne peut exclure que les multinationales imposent des prix artificiellement bas à leurs filiales implantées en Chine afin de minimiser leurs profits locaux (prix de transfert). On sait aussi que les entreprises chinoises qui veulent sortir des devises, malgré les contrôles des mouvements de capitaux, sous-facturent leurs exportations. Entre 1997 et 2002, d'importantes fuites de capitaux ont eu lieu par ce biais.

Une détérioration des termes de l'échange

Non seulement les prix à l'exportation de la Chine apparaissent relativement bas mais, de plus, ils marquent depuis 1997 une nette tendance à la baisse. Les gains de productivité rapides dans l'industrie manufacturière chinoise et la concurrence ont conduit à une baisse des prix chinois sur les marchés mondiaux comme sur le marché intérieur entre 1997 et 2003. Les exportations chinoises ont exercé une pression à la baisse sur les prix mondiaux des produits manufacturés (textiles et électroniques).

Les prix à l'importation marquent, eux, à partir de 1999, une tendance à la hausse qui est due d'une part à la « montée en gamme » des composants importés par la Chine et d'autre part, depuis 2003, à la hausse des prix des produits primaires. La Chine est ainsi victime de la hausse des cours mondiaux des matières premières et du pétrole qu'elle a contribué à provoquer.

Alors que l'on attendrait qu'un pays émergent voie ses termes de l'échange s'améliorer, c'est l'inverse qui se produit. Les évolutions de prix d'exportation et d'importation entraînent une détérioration de plus de 20 % des termes de l'échange de la Chine entre 1998 et 2003. Cette détérioration indique que son mode d'insertion dans la division internationale du travail n'est pas exempt d'effets pervers [Gaulier *et al.*, 2006].

Le contenu local des exportations d'assemblage (la « valeur ajoutée » en Chine plus les *inputs* locaux) a augmenté entre 1993 et 2001, passant de 18 % à 36 %, mais il a stagné depuis autour de 33 %. Les activités d'assemblage semblent ainsi rester à l'écart des phénomènes de « remontée de filière » par les entreprises étrangères opérant en Chine, et ne semblent pas favoriser le développement d'exportations à forte valeur ajoutée.

La balance des paiements

Depuis le début des années 1990, la Chine a une balance des opérations courantes régulièrement excédentaire : l'excédent de ses échanges de marchandises couvre et au-delà le déficit de ses échanges de services et le paiement d'intérêts sur sa dette extérieure. Ses revenus courants étant supérieurs à ses dépenses courantes, la Chine dégage une épargne nette.

Le compte des opérations en capital fait lui aussi apparaître un solde positif, c'est-à-dire des entrées de capitaux supérieures aux sorties. Les entrées comme les sorties de capitaux sont en principe contrôlées, mais beaucoup d'opérations contournent ces contrôles.

L'accumulation de réserves de devises

Le double excédent du compte courant et du compte de capital se traduit par des entrées nettes de devises dans le pays, ce qui conduit les autorités chinoises à accumuler des réserves de changes. De 1995 à 2000, l'accumulation des réserves a été ralentie par des sorties illégales de capitaux qui se font notamment par sous-facturation des exportations (la différence étant payée sur un compte à l'étranger) et ont atteint un maximum en 1997-1998, au moment où la crise financière asiatique faisait prévoir une dévaluation du yuan. Depuis 2002, au contraire, les anticipations d'une réévaluation du yuan entraînent des entrées massives de capitaux spéculatifs, ce qui contribue à l'augmentation des réserves de devises. Les réserves de devises de la Chine ont dépassé 900 milliards de dollars en 2006, surpassant celles du Japon. On estime qu'environ les trois quarts sont détenus en dollars, un cinquième en euros et 5 % en yens. La majeure partie des réserves de change en dollars est placée en bons du Trésor américain et la Chine est ainsi le deuxième créancier des États-Unis après le Japon.

La balance des paiements de la Chine depuis 2002 fait apparaître une situation paradoxale, celle d'un pays encore pauvre dont l'excédent d'épargne contribue à financer l'économie d'un des pays les plus riches de la planète.

Politique de change

Le débat sur les causes des grands déséquilibres mondiaux (déficit extérieur des États-Unis, excédent des pays asiatiques, désajustements des taux de change) a mis de plus en plus fréquemment en cause la politique de change suivie par les autorités chinoises. Les excédents du commerce extérieur chinois joints aux afflux massifs et continus d'investissements directs en Chine devraient conduire à une appréciation de la monnaie chinoise, n'étaient les interventions de la Banque populaire de Chine pour bloquer un tel mouvement. Cependant, les estimations divergent sur le degré de sous-évaluation du renminbi (elles vont de 10 % à 50 %).

Une appréciation progressive du yuan apparaît souhaitable pour l'économie chinoise : elle aurait l'avantage de rendre les exportations moins dépendantes de la compétitivité-prix et d'inciter les entreprises à développer des activités à plus forte valeur ajoutée. Elle contribuerait à rééquilibrer le régime de croissance en faveur de la demande interne. Cette appréciation ne peut être que progressive afin de ne pas déstabiliser le système financier et d'éviter un choc récessif sur l'économie.

Une appréciation de la monnaie chinoise atténuerait les excédents commerciaux de la Chine, mais de façon marginale puisque ceux-ci résultent en fait des facteurs structurels qui positionnent la Chine dans la division du travail en Asie. Le déficit abyssal des États-Unis, qui résulte de la faiblesse de l'épargne privée et publique américaine, n'en serait que faiblement réduit.

La libéralisation des mouvements de capitaux est une condition préalable pour laisser les forces du marché déterminer le taux de change du yuan. La convertibilité totale du yuan reste l'objectif des autorités, qui lèvent progressivement les contrôles sur les sorties de capitaux.

Les grands partenaires

En 2005, la Chine réalise les deux tiers de ses exportations et près de la moitié de ses importations en Asie, où le Japon, Hong Kong, la Corée du Sud et Taiwan sont ses quatre plus grands partenaires. L'Union européenne à vingt-cinq et les États-Unis représentent chacun pour la Chine des marchés deux fois plus grands que le Japon, mais des fournisseurs beaucoup moins importants.

Géographie des échanges extérieurs de la Chine en 2005

	Exportations %	Importations %	Solde (milliards de dollars)
Monde	100	100	102
Asie	**48**	**67**	**– 75**
Japon	11	15	– 16
Hong Kong	16	2	112
Taiwan	2	11	– 58
Corée du Sud	5	12	– 41
Europe	**22**	**15**	**70**
UE 25	19	11	70
Amérique	**26**	**13**	**115**
États-Unis	21	7	114
Afrique	**2**	**3**	**– 2**
Autres	2	3	– 6

Source : Statistiques douanières de la République populaire de Chine.

L'intégration de Hong Kong à l'économie continentale

Hong Kong a toujours été un point de passage entre la Chine et le reste du monde. L'ouverture de la Chine a renforcé ce rôle d'intermédiaire en raison des facilités de stockage et de transbordement du port de Hong Kong et de la délocalisation en Chine des industries de main-d'œuvre. Dès la fin des années 1980, la quasi-totalité de l'industrie manufacturière de Hong Kong était transférée en Chine, accélérant la transformation du territoire en une économie de services.

Depuis juillet 1997, Hong Kong est revenue sous souveraineté chinoise. Cette rétrocession n'a pas été un choc pour la colonie britannique car l'intégration économique était déjà bien avancée. De plus, Hong Kong a un statut de « région administrative spéciale » qui garantit le maintien de son système économique (voir encadré).

Depuis, l'économie de Hong Kong a subi des chocs violents : la crise financière qui a frappé les économies asiatiques en 1997-1998, puis en 2001 le ralentissement de la demande mondiale et le retournement du cycle de l'électronique ont porté des coups d'arrêt à la croissance économique. La maturation progressive de l'économie continentale, avec la modernisation des ports, aéroports et infrastructures de la province du Guangdong, l'essor de Shanghai présenté comme un pôle commercial et financier rival ont paru menacer le rôle de Hong Kong. En fait, depuis 2003, l'économie de Hong Kong bénéficie de l'accélération de la croissance en Chine dont elle est de plus en plus dépendante.

En 2004, un accord commercial bilatéral (CEPA : *Closer Economic Partnership*) est entré en vigueur qui ouvre de manière préférentielle le marché chinois aux entreprises de Hong Kong : il abaisse les tarifs douaniers et facilite les opérations d'investissement notamment dans le secteur des services.

Hong Kong réalise avec la Chine 45 % de ses exportations comme de ses importations. La plus grande partie des importations est réexportée et la quasi-totalité des exportations sont des réexportations. Ce commerce est largement tiré par l'essor du commerce d'assemblage, dans lequel Hong Kong assure un rôle de plaque tournante, important des produits d'Asie (semi-finis et composants), d'Europe et d'Amérique (équipement) pour les

Le statut de la région administrative spéciale de Hong Kong

La déclaration sino-britannique du 19 décembre 1984 et la Loi fondamentale du 4 avril 1990 sont les deux textes qui régissent le statut de Hong Kong depuis le 1er juillet 1997. À cette date, Hong Kong est devenue pour une période de cinquante ans une « région administrative spéciale » (RAS) de la République populaire de Chine (RPC). À l'exception des Affaires étrangères et de la Défense qui sont des domaines réservés au gouvernement de la RPC, la RAS jouit d'une grande autonomie et son système économique et social n'est pas modifié. La Loi fondamentale garantit la propriété et les libertés publiques (presse, association, etc.).

La RAS reste un territoire douanier autonome, un port franc ; elle conserve son système monétaire et financier : émission monétaire garantie à 100 % par les réserves en devises (*Currency Board* établi en 1985), libre circulation des capitaux. Le dollar de Hong Kong et le renminbi sont donc deux monnaies légales utilisées respectivement dans deux zones différentes d'un même État.

Le gouvernement de la RAS est seul responsable de sa politique monétaire et financière, de la gestion des réserves en devises, de la politique fiscale. Le gouvernement de Pékin n'y prélève aucun impôt.

L'Assemblée nationale populaire de la RPC a seul pouvoir d'amender la Loi fondamentale.

réexporter vers la Chine, et réexportant les produits assemblés en Chine vers le reste du monde.

L'interpénétration des économies tient aussi aux flux de capitaux. En 2004, 40 % du stock des investissements de Hong Kong à l'étranger est situé en Chine (soit 70 milliards de dollars américains). Les investissements de la Chine à Hong Kong atteignent environ 130 milliards de dollars et contribuent pour 30 % au stock d'investissements directs étrangers à Hong Kong. Les sociétés chinoises détiennent un tiers de la capitalisation boursière de Hong Kong.

Taiwan : interdépendance économique et conflit politique

Alors que l'absence de reconnaissance mutuelle entre Taiwan et la Chine continentale restreint toujours les liens directs entre les deux économies, leurs interdépendances économiques et commerciales ne cessent de se renforcer. Commerce et investissements des entreprises taiwanaises en Chine passent par l'intermédiaire de pays tiers (Hong Kong, îles Vierges).

Depuis les années 1990, les entreprises taiwanaises ont massivement investi en Chine qui est devenue la première destination de leurs investissements directs à l'étranger (elle en a reçu plus des deux tiers). D'après les données chinoises, Taiwan est devenue le deuxième investisseur en Chine, pour un montant équivalent à celui des États-Unis. Les entreprises taiwanaises ont contribué de manière décisive au développement de la production électronique chinoise.

L'essor du commerce et des investissements crée une dépendance économique de Taiwan à l'égard du continent et fait craindre que l'île ne se vide de sa substance industrielle. Mais les groupes taiwanais ont, grâce à leurs plates-formes de production en Chine, enregistré une expansion considérable ; la Chine est devenue de loin la première destination pour leurs exportations de composants électroniques. Symétriquement, une partie importante de l'industrie électronique chinoise est dépendante des composants importés de Taiwan qui est devenue le deuxième fournisseur de la Chine (après le Japon). L'enjeu est désormais pour l'île de retenir les activités à haute valeur ajoutée en amont et en aval de la chaîne de production (R&D, design, marketing, logistique).

La Chine (y compris Hong Kong) est devenue depuis 2001 le premier marché d'exportation de l'île (et a reçu 38 % des exportations de Taiwan en 2005) ; en 2005, elle a dépassé les États-Unis comme deuxième fournisseur, après le Japon. Taiwan enregistre des excédents massifs dans ses échanges avec la Chine, alors que ses excédents avec les États-Unis et l'Europe tendent à s'amenuiser du fait de l'implantation en Chine des entreprises taiwanaises.

Le Japon

Entre 1990 et 2004, la part de la Chine dans le commerce extérieur du Japon a plus que doublé. La Chine est son deuxième marché et reçoit 16 % de ses exportations ; elle a dépassé les États-Unis comme premier fournisseur avec 19 % de ses importations. La part des produits importés de Chine atteint 80 % pour les vêtements, et 50 % pour le matériel électrique, l'électroménager, l'électronique grand public. Au cours des années 1990, la Chine est devenue la première destination des investissements japonais en Asie, absorbant un quart de ces investissements dans la région. Les filiales d'entreprises japonaises produisent principalement pour l'exportation, mais de plus en plus se tournent vers le marché intérieur.

Les entreprises japonaises ont tiré parti de l'ouverture chinoise pour y développer des productions à faible valeur ajoutée, renforçant l'avantage comparatif du Japon dans les segments de haute technologie et forte valeur ajoutée.

L'ASEAN et la coopération régionale

Alors que le rapide développement des échanges de la Chine avec les pays les plus industrialisés de la région reflète les complémentarités liées à leurs différences de développement économique, les échanges de la Chine avec les pays de l'ASEAN (Thaïlande, Philippines, Indonésie, Singapour, Malaisie, Brunei, Vietnam, Myanmar, Laos, Cambodge) sont en progression rapide mais restent d'ampleur encore limitée puisqu'ils représentent environ 10 % de leurs échanges totaux. Ces pays perçoivent la Chine comme un concurrent sur les marchés mondiaux de produits à forte intensité de travail et dans les flux internationaux de capitaux.

Les initiatives de la Chine en faveur de la coopération régionale se multiplient. Les contacts officiels avec l'ASEAN datent du début des années 1990 et, en 1997, un accord a établi un cadre de coopération entre l'ASEAN, la Chine, la Corée du Sud et le Japon (ASEAN + trois). À la suite de la crise financière asiatique de 1997-1998, ces pays ont signé en mai 2000 un accord de coopération monétaire prévoyant des prêts mutuels de devises en cas de risques de déstabilisation.

En 2002, la Chine a signé un accord pour établir le libre-échange avec l'ASEAN à l'horizon 2010-2015, complétant le libre-échange programmé entre les pays de l'ASEAN.

Face aux craintes suscitées par son entrée à l'OMC, la Chine cherche à faire valoir à ses partenaires les opportunités que leur offre son développement économique. En même temps, cela lui permet d'avancer dans l'affirmation de son leadership économique dans la région, face à un Japon dont le poids commercial s'est considérablement affaibli au cours des dix dernières années.

États-Unis : un commerce très déséquilibré

Les échanges directs des États-Unis avec la Chine ont débuté avec l'établissement des relations diplomatiques entre les deux pays en 1978. Les exportations chinoises vers les États-Unis ont rapidement progressé depuis le début des années 1990. Elles ont été multipliées par neuf depuis 1991 et les États-Unis sont devenus le premier marché pour la Chine (21 % de ses exportations en 2005). Les États-Unis ont perdu des parts de marché en Chine depuis dix ans et ne comptent que pour 7 % dans les importations chinoises. Les échanges se soldent par un excédent commercial de la Chine, qui est structurel et massif et a dépassé 100 milliards de dollars en 2005.

La plus grande partie de cet excédent vient des échanges de produits électriques et électroniques, où la Chine a supplanté les autres fournisseurs asiatiques. La Chine détient ses plus grosses parts du marché américain dans le textile (un quart des importations américaines), mais aussi dans les articles électriques (15 %) et électroniques (20 %). La Chine est le troisième fournisseur des États-Unis (10 % de ses importations), après le Canada, devançant le Japon et le Mexique. Elle n'est que son huitième marché et reçoit 3,1 % des exportations américaines.

Les autorités des États-Unis accusent la Chine de s'assurer une compétitivité indue en maintenant artificiellement un taux de change qui sous-évalue le yuan. Les relations bilatérales sont sous-tendues par un jeu complexe d'intérêts, car, si certaines entreprises américaines souffrent de la concurrence chinoise (dans le textile), d'autres tirent une bonne partie de leurs profits des importations de produits chinois à bas prix. Le groupe de grande distribution Wallmart serait ainsi responsable de 10 % du déficit des États-Unis avec la Chine.

L'Union européenne

L'Union européenne (à vingt-cinq) est le deuxième marché d'exportation de la Chine après les États-Unis : elle reçoit 19 % de ses exportations de la Chine (2004) et lui fournit 11 % de ses importations, devançant les États-Unis. Sa part de marché en Chine est à peu près stable depuis dix ans.

Les entreprises européennes sont largement distancées par les entreprises asiatiques dans l'approvisionnement des industries exportatrices chinoises, mais elles ont de fortes positions dans les importations chinoises destinées au marché intérieur, où elles devancent les entreprises japonaises. Les fournisseurs européens ont une présence forte dans les importations chinoises de biens d'investissement (machines, matériel de transport).

Le commerce de l'Union européenne est très concentré sur l'Europe et sa périphérie, et le poids de la Chine dans ses échanges est encore relativement faible. La Chine fournit à l'Union européenne moins de 4 % de ses importations totales et reçoit moins de 2 % de ses exportations. Lorsque l'on considère les seuls échanges extra-communautaires, le poids de la Chine atteint 9 % des importations de l'Union européenne, et 4 % de ses exportations. La Chine est le deuxième fournisseur de l'Union européenne en Asie après le Japon.

La Chine dégage de ses échanges avec l'Union européenne un excédent structurel qui va croissant (+ 70 milliards en 2005). L'Allemagne est de loin le premier partenaire européen de la Chine et elle compte pour environ 30 % du commerce de l'Union européenne à vingt-cinq avec la Chine. La France est, loin derrière l'Allemagne, le deuxième fournisseur européen de la Chine, mais la Grande-Bretagne est, devant la France, son deuxième marché en Europe.

Afrique et Amérique latine : des échanges en croissance

Les échanges avec le continent africain ont eu jusqu'ici une importance marginale pour la Chine (environ 2 % de son commerce extérieur), mais ils ont connu depuis 2003 une rapide croissance sous l'effet notamment de la hausse des importations chinoises de combustibles et matières premières qui ont rendu la Chine déficitaire dans ces échanges en 2004. En 2005, la Chine est le huitième client de l'Afrique et son deuxième fournisseur. L'essentiel du commerce de la Chine avec l'Afrique se concentre sur cinq pays : l'Angola, l'Afrique du Sud, le Soudan, la Guinée équatoriale, la République du Congo.

Les échanges avec l'Amérique latine, encore faibles, ont connu aussi récemment une rapide expansion. Entre 2002 et 2004, les importations chinoises ont triplé, sous l'effet de la forte demande chinoise de produits agricoles et de matières premières. Avec ses richesses en matières premières et ses vastes terres arables qui lui confèrent un important potentiel de production agricole, l'Amérique latine présente des complémentarités naturelles avec la Chine, qui offrent une base à l'expansion des relations économiques.

VI / La Chine, grande puissance du XXIe siècle

La croissance exceptionnelle qui a propulsé l'économie de la Chine aux premiers rangs mondiaux a aussi produit des déséquilibres et des tensions internes qui représentent une menace pour la stabilité sociale et sont aussi autant d'entraves à la croissance future. Les inégalités entre les villes et les campagnes, l'ampleur du chômage et l'émergence de la pauvreté dans les villes, le gouffre entre riches et pauvres sont des phénomènes qui sapent la cohésion sociale et minent la légitimité du régime politique. En outre, ces inégalités et notamment la faible progression des revenus de la grande majorité de la population brident une demande intérieure qui constitue le seul socle possible du développement d'un pays de cette taille. Le retard pris par les services sociaux, dans la santé comme dans l'éducation, constitue aussi un handicap pour le développement à long terme du pays, dont on sait qu'il dépend fortement de la qualité du capital humain. Enfin, la contrainte énergétique et la dégradation de l'environnement pèsent sur les perspectives de croissance.

Vers une société harmonieuse ?

Les orientations 2006-2010

Les autorités chinoises qui ont récemment mis en avant l'ambition de créer une « société harmonieuse » sont conscientes de ces défis majeurs auxquels doit faire face l'économie chinoise, mais les orientations du onzième plan quinquennal 2006-2010 n'apportent au mieux que des réponses partielles.

Le onzième plan quinquennal 2006-2010 est officiellement un simple « programme » et comporte des objectifs qui sont pour la plupart « indicatifs ». Il met l'accent sur une croissance plus équilibrée, la réduction des inégalités et la protection de l'environnement.

Il prévoit une croissance modérée (7,5 % par an), qui sera sans doute dépassée, comme lors des plans précédents. Le niveau de vie des ruraux devrait progresser au même rythme que celui des urbains, grâce notamment à des allègements fiscaux en faveur des paysans (suppression de l'impôt agricole) et à l'amélioration des services publics à la campagne. Il prévoit de généraliser à toutes les régions l'éducation primaire obligatoire de neuf ans, d'augmenter la proportion des classes d'âge suivant le deuxième cycle du secondaire (80 %) et celle bénéficiant d'un enseignement supérieur. Les dépenses de R&D dans le PIB devraient passer de 1,3 % à 2 %. Il prévoit aussi l'extension du système de couverture sociale avec un régime de retraites de base qui devrait bénéficier à 223 millions de personnes (au lieu de 175 millions en 2005), la généralisation d'un système coopératif couvrant les soins médicaux de base à la campagne. Enfin, le souci de protection de l'environnement apparaît dans plusieurs objectifs : réduire de 20 % la consommation d'énergie par unité de PIB, de 30 % la consommation d'eau par unité de production industrielle, réduire les pertes en eau des systèmes d'irrigation et les déversements de déchets polluants.

Le plan est cependant discret sur les moyens mis en œuvre pour atteindre ces objectifs et assez modeste quant aux changements structurels envisagés qui pourraient permettre de les réaliser. Ceux-ci s'inscrivent dans la continuité des tendances passées. Ainsi, le rééquilibrage de la croissance au profit des services et au détriment de l'industrie paraît modeste. L'augmentation du poids des services dans le PIB (de 40,3 % à 43,3 %) n'est pas plus rapide que celle intervenue ces dix dernières années, où elle a été entièrement due à la seule augmentation de leurs prix relatifs. Leur part dans l'emploi gagnerait aussi trois points (de 31 % à 35 %) comme de 2000 à 2005. L'urbanisation devrait progresser au même rythme que de 2000 à 2005 (+ 80 millions) et atteindre 43 % en 2010, mais la baisse des emplois agricoles devrait s'accélérer.

Le recentrage sur la consommation intérieure

Si la croissance demeure tirée par l'industrie, la réduction de la consommation énergétique sera difficile. Pourtant, les débats qui ont accompagné l'adoption du onzième plan quinquennal montrent que le régime de croissance suivi ces dernières années fait l'objet de critiques en Chine même. Elles dénoncent l'essor des industries extraverties qui est porteur de disparités régionales (en faveur des régions côtières) ainsi que d'inégalités sociales (compétitivité-prix des industries exportatrices), et qui implique une croissance industrielle vorace en énergie et en matières premières, et néfaste pour l'environnement. Une accélération de la croissance des services permettrait à la fois de ralentir la consommation énergétique, de réduire la dépendance à l'égard des exportations et de recentrer la croissance sur le marché intérieur.

Les autorités politiques prônent un développement plus équilibré à l'avenir. L'extension du système de couverture sociale, à la ville comme à la campagne, est un moyen de réduire l'épargne de précaution des ménages et d'augmenter le revenu disponible pour les dépenses de consommation. Cependant, compte tenu du bas niveau de revenu de la grande majorité de la population, ce recentrage sur le marché intérieur ne peut être que progressif.

Tendances lourdes

Jusqu'en 2015, l'évolution démographique continue à jouer en faveur d'une croissance forte. La croissance de la population se ralentit (+ 0,07 % par an) mais la population en âge de travailler augmente encore fortement (de plus 110 millions de personnes) et culmine à 71 % de la population totale de 2010 à 2015. Le faible taux de dépendance favorisera le maintien d'un taux élevé d'épargne et d'investissement.

Au cours de la seule période 2005-2010, le plan prévoit la création de 45 millions d'emplois hors de l'agriculture en zones rurales et autant dans les zones urbaines. Cela représente deux fois plus de créations d'emplois non agricoles qu'au cours de la période 2000-2005. L'industrie manufacturière chinoise devrait continuer de bénéficier de l'abondance de la main-d'œuvre et surtout de l'arrivée sur le marché du travail de la génération nombreuse des jeunes de 20-24 ans, qui continuera à favoriser la compétitivité des industries exportatrices.

Les transferts de main-d'œuvre de l'agriculture vers l'industrie et surtout vers les services devraient se poursuivre à un rythme rapide et contribuer à l'augmentation de la productivité. Selon des experts chinois, en 2020, l'agriculture n'emploierait plus qu'un quart de la population active, et son poids dans le PIB pourrait tomber à 10 %.

C'est une période d'urbanisation rapide et la population urbaine dépasserait la population rurale autour de 2020, pour atteindre 762 millions. Cela suppose que les villes accueillent environ 20 millions de personnes par an entre 2005 et 2020.

La contrainte énergétique est, finalement, ce qui peut imposer une sérieuse inflexion au mode de croissance des dernières années. En effet, l'augmentation de l'intensité énergétique qui a accompagné l'accélération de la croissance depuis 2002 est difficilement soutenable.

La contrainte énergétique

La contrainte énergétique, qui semblait avoir disparu dans les années 1990, a brutalement resurgi depuis 2003 et est devenue un sujet de préoccupation à la fois pour les autorités chinoises et pour les autres pays consommateurs de pétrole.

En effet, la croissance économique récente en Chine s'est révélée beaucoup plus consommatrice d'énergie qu'on ne le prévoyait : les prévisions faites à la fin des années 1990 des besoins énergétiques chinois en 2020 ont été atteintes dès 2005. Les prévisions faisaient l'hypothèse que la consommation d'énergie augmenterait à un rythme moins rapide que celui de la croissance économique, comme c'était le cas à la fin des années 1990 (elles tablaient sur une élasticité de 0,5), mais le contraire s'est produit depuis 2000 et la consommation d'énergie a crû plus vite que le PIB (élasticité de 1,02).

Comment expliquer ce retournement ? D'abord parce que l'appréciation des tendances des années 1990 était sans doute erronée en raison de la mauvaise qualité des données de production et de consommation énergétiques (qui auraient été largement sous-estimées). L'absence d'information fiable continue d'ailleurs à peser sur la qualité des prévisions actuelles. Ensuite, la croissance économique a été beaucoup plus forte que prévu (9 % contre 7 %) et, en outre, elle a été tirée par des secteurs « énergie-voraces » : production de ciment et d'acier pour répondre aux besoins de l'industrie et du bâtiment.

Les inquiétudes suscitées par l'augmentation des importations de pétrole par la Chine en 2003-2004 s'expliquent aussi par la situation du marché mondial marqué par une forte augmentation de la consommation des pays producteurs, la faiblesse des stocks, des tensions internationales (crise avec l'Iran). L'augmentation de la demande chinoise a été un facteur mais non le seul de la hausse des cours du pétrole.

Chine et États-Unis dans la consommation mondiale d'énergie
(en %)

	Consommation d'énergie		Consommation de pétrole		Importations de pétrole	
	2001	2004	2001	2004	2001	2004
Chine	9	14	7	8	4	7
États-Unis	25	23	26	26	27	27
Monde	100	100	100	100	100	100

Perspectives de la demande chinoise d'énergie

Les besoins chinois en énergie, et plus particulièrement en pétrole, devraient continuer à augmenter rapidement au cours des prochaines années. La consommation d'énergie (comme de pétrole) par habitant est encore très faible. Au Japon, la consommation d'énergie par habitant est environ quatre fois plus élevée qu'en Chine, celle de pétrole y est vingt fois plus élevée. L'amélioration du niveau de vie s'accompagne d'une augmentation de la consommation d'énergie commerciale au détriment de la biomasse (bois), qui couvre encore environ 15 % des besoins.

L'essor des transports et du commerce accroîtra les besoins en pétrole.

Un certain nombre de facteurs peuvent freiner l'accélération des besoins. La Chine a en effet une intensité énergétique élevée (consommation d'énergie par unité de PIB) et devrait évoluer vers une phase de développement où l'intensité énergétique se réduit. Il existe aussi des marges d'amélioration de l'efficacité dans l'utilisation de l'énergie par des changements dans les techniques de production. Enfin, un changement dans la structure de l'économie au profit du développement des services permettrait de réduire sensiblement l'intensité énergétique car l'industrie consomme six fois plus d'énergie que les services par unité de PIB.

Les changements structurels dans l'économie et dans l'industrie peuvent seuls permettre une réduction substantielle de l'intensité énergétique. Les choix de politique économique, et notamment ceux qui seront faits concernant le développement du transport automobile, auront donc un impact décisif. Les autorités chinoises ont actuellement encore une « fenêtre d'opportunité » pour infléchir sur le long terme l'intensité énergétique.

Équilibre énergétique et impact sur le marché mondial

Les tendances récentes de la consommation d'énergie en Chine apparaissent difficilement soutenables à long terme. Dans l'hypothèse où la croissance économique serait de 7,5 % au cours des quinze prochaines années, et où l'élasticité de la consommation énergétique serait ramenée à l'unité, sa consommation énergétique serait multipliée par trois d'ici 2020 et représenterait environ 40 % de la production énergétique mondiale actuelle. Des prévisions récentes [EIA, 2006] indiquent qu'en 2030, la demande chinoise représenterait environ un cinquième de la demande mondiale d'énergie et 10 % à 15 % de la demande mondiale de pétrole. Le charbon restera la source d'énergie dominante en raison de l'importance de ses réserves. Même si la Chine s'efforce de freiner sa dépendance à l'égard des importations de pétrole, sa production, qui plafonne en 2003-2004, ne pourra couvrir qu'une fraction décroissante de ses besoins, et sa dépendance à l'égard des importations pourrait atteindre

70 %-80 % de sa consommation en 2030. Les importations de gaz devraient aussi augmenter et couvrir la moitié de sa demande. Malgré les nombreux projets de construction de centrales nucléaires, la capacité installée ne représentera qu'environ 5 % de la production d'électricité (contre 1 % actuellement).

Chine : projections de la consommation d'énergie en 2020 et 2030
(en %)

	Structure			Part de la consommation mondiale		
	2003	**2020**	**2030**	**2003**	**2020**	**2030**
Pétrole	25	22	22	7	10	13
Gaz naturel	3	5	6	1	3	5
Charbon	65	64	64	29	37	46
Nucléaire	1	1	2	2	4	9
Énergie renouvelable	6	7	5	9	13	12
Total	100	100	100	11	15	19

Source : EIA [2006].

Dans le domaine des hydrocarbures, la Chine influencera donc l'équilibre du marché mondial et elle en sera aussi dépendante. Les grandes sociétés pétrolières chinoises (Sinopec, CNOOC, Petrochina) poursuivent une stratégie d'investissement à l'étranger pour assurer leurs approvisionnements, les diversifier et réduire la dépendance à l'égard du Moyen-Orient, qui fournit actuellement 45 % des importations de la Chine. La recherche de la sécurité des approvisionnements passe aussi par de multiples projets d'oléoducs pour contrôler les voies d'acheminement jusqu'en Chine, par des accords de partage de production avec les pays producteurs, et par l'acquisition d'actifs dans des compagnies pétrolières (rachat en 2005 de la compagnie canadienne PetroKazakhstan). La Chine entre ainsi en concurrence avec le Japon et l'Inde pour les ressources d'hydrocarbures de Sibérie et de la Caspienne.

La dégradation de l'environnement

Fragilisation des milieux naturels

Le développement économique de la Chine avant comme après 1978 a été coûteux pour l'environnement. La poursuite de la croissance chinoise sans politique vigoureuse destinée à en réduire la dégradation risque de créer une crise écologique majeure.

La déforestation est un problème récurrent depuis des siècles. Elle accélère la désertification grandissante des régions du nord-est du pays qui menace même Pékin, et favorise tempêtes de sable et inondations. L'exploitation agricole, l'utilisation du bois de chauffage ont réduit la superficie des forêts à 14 % du territoire. La politique de reboisement a pour objectif de retrouver une couverture forestière sur 23 % de la superficie du pays.

L'urbanisation et l'irrigation conduisent aussi à un épuisement des nappes phréatiques dans certaines régions et à une pénurie d'eau potable. Dans le nord de la Chine, les disponibilités en eau par habitant représentent un quart de la moyenne mondiale. Le fleuve Jaune n'atteint plus son embouchure pendant plusieurs mois de l'année.

Pollution de l'air et de l'eau

La Chine est un des pays du monde où la pollution est la plus forte. La rapide croissance économique des cinquante dernières années a entraîné une forte dégradation de la qualité de l'air et de l'eau. La poursuite de la croissance et l'urbanisation au cours des vingt prochaines années risquent d'aggraver encore une situation déjà préoccupante.

Pour la Chine, le coût de cette pollution est élevé. Différentes études estiment que le coût annuel de la pollution en termes de santé (pertes en vies humaines, coûts médicaux) représente entre 3 % et 8 % du PIB du pays, soit une bonne partie de la croissance annuelle. Dans les grandes villes chinoises, le degré de pollution dépasse largement les standards internationaux. Elle est due à l'utilisation du charbon, souvent de mauvaise qualité, comme combustible, mais de plus en plus à la circulation automobile.

À Pékin, 70 % de la pollution de l'air provient des véhicules. Seize villes chinoises, parmi lesquelles Pékin et Shanghai, figurent sur la liste des cinquante villes les plus polluées du monde.

La Chine souffre à la fois d'un manque d'eau et d'une dégradation de sa qualité, du fait de l'industrialisation, de l'urbanisation, de l'utilisation d'engrais et de pesticides par l'agriculture, du développement de l'élevage intensif. Les eaux des cours d'eau du pays sont fréquemment impropres à la consommation humaine et, dans certaines régions, elles sont même parfois impropres à l'irrigation.

Si aucune politique volontariste n'est mise en œuvre (politique de prix, de taxation), d'ici 2050, la pollution de l'eau doublera, celle de l'air triplera, le coût humain et économique ne cessera de s'alourdir.

En 1998, les autorités ont créé une administration chargée de la protection de l'environnement, mais elle n'a guère de pouvoir. Les objectifs de réduction de la pollution et les réglementations existent (standards, normes, pénalités, etc.), mais elles ne sont guère mises en application.

La Chine et les gaz à effet de serre

La Chine est une des sources du réchauffement climatique. Elle est un des principaux émetteurs de dioxyde de carbone (CO_2) dégagé lors de l'utilisation de combustibles fossiles (charbon et pétrole) et qui est responsable de la plus grande partie de l'émission de gaz à effet de serre. Le volume de dioxyde de carbone émis en Chine a triplé entre 1971 et 2000 et représente en 2002 15 % du total mondial. La Chine est le deuxième émetteur derrière les États-Unis (24 %). Selon les prévisions, son poids dans les émissions continuera à augmenter et devrait dépasser 18 % en 2030. L'émission de CO_2 par habitant en Chine augmente rapidement mais reste inférieure à la moyenne mondiale. La Chine a signé le protocole de Kyoto, mais, en tant que pays en développement, n'est pas tenue de réduire ses émissions de gaz à effet de serre.

Les évolutions à très long terme

La contrainte énergétique et la menace d'une crise écologique soulignent les interactions de plus en plus fortes entre le développement chinois et l'évolution du reste de l'économie mondiale. Les analyses prospectives montrent qu'elle pourrait se hisser d'ici 2050 au rang de superpuissance économique par son poids dans l'économie mondiale, tout en restant encore très loin des pays riches par son revenu.

Perspectives démographiques

Selon les projections de l'ONU, la population chinoise continuera à augmenter jusque vers 2030 et atteindra alors 1 450 millions. Elle diminuera ensuite lentement et sera de 1 395 millions en 2050. Dès 2035, la Chine aura cessé d'être le pays le plus peuplé du monde, devancée par l'Inde dont la population devrait croître jusqu'à 1 530 millions en 2050.

La population chinoise a commencé à vieillir depuis la fin des années 1970. Cela a débuté par une contraction rapide du poids des moins de 15 ans qui faisaient 39 % de la population en 1975, et n'en font plus que 20 % en 2005 ; leur poids va encore s'abaisser à 16 % d'ici 2035. À partir de 2000, à l'autre extrémité de la pyramide des âges, la population de plus de 65 ans prend une importance rapidement croissante : de 7 % de la population en 2000, elle passera à 19 % en 2035, dépassant alors le nombre des moins de 15 ans et formera 23 % de la population en 2050. Le vieillissement de la population confrontera alors la Chine à de nouveaux problèmes.

L'évolution démographique va se traduire à partir de 2015 par une augmentation du taux de dépendance, c'est-à-dire du nombre de personnes d'âge actif (15-64 ans) par rapport aux inactifs (moins de 15 ans et plus de 65 ans). Jusqu'en 2015, il y a plus de 2,5 actifs par inactif mais cette proportion se réduit et il n'y aura plus qu'1,6 actif par inactif en 2050 (taux de dépendance passant de 0,40 à 0,64).

La phase d'augmentation rapide de population d'âge actif qui a débuté au milieu des années 1960 prendra fin vers 2015 et, avec elle, une phase de la transition démographique qui était favorable à la croissance économique : l'augmentation des ressources en main-d'œuvre élève le potentiel de croissance du pays car la baisse du taux de dépendance favorise la hausse du taux d'épargne, alors même que l'absorption de cet afflux de population d'âge actif exige un effort d'investissement. À partir de 2015, le nombre de Chinois entre 15 et 65 ans diminuera, passant de 1 milliard à 970 millions en 2030 et à 850 millions en 2050. Entre 2030 et 2035, la population en âge de travailler de l'Inde dépassera celle de la Chine.

Cette évolution démographique est un des éléments qui laissent prévoir un ralentissement de la croissance économique chinoise après 2015.

Un ralentissement de la croissance attendu après 2010

Il convient de remarquer que toutes les prévisions à long terme faites à la fin des années 1990 donnaient à la Chine des perspectives de croissance inférieures à celle qu'elle a effectivement connue au début du XXIe siècle. Aucun scénario n'avait prédit que le pays maintiendrait un rythme de croissance économique au-dessus de 9 % sur un quart de siècle, car aucun n'avait envisagé l'effort d'investissement énorme et les gains de productivité qui ont sous-tendu les performances chinoises.

Les études prospectives actuelles se rejoignent sur le fait que la croissance chinoise devrait se ralentir progressivement à partir de 2015. À l'horizon 2040-2050, le rythme de croissance économique en Chine tomberait entre 3 % et 4 %. Non seulement l'évolution démographique deviendra moins favorable, mais les gains de productivité liés aux changements structurels (transferts de la main-d'œuvre de l'agriculture vers d'autres secteurs) se ralentiront, et les facteurs de « rattrapage » deviendront moins puissants à mesure que baissera la rentabilité du capital et que l'écart technologique se réduira.

Les grands émergents dans l'économie mondiale

La plupart des analyses s'accordent cependant à prévoir que la Chine aura sur le long terme une croissance nettement plus rapide que la moyenne mondiale et que celle des pays riches (Europe, États-Unis, Japon). Les estimations situent généralement la croissance économique en Chine dans la fourchette entre 5,4 % et 6,4 % par an d'ici 2020 et entre 4 % et 5 % de 2020 à 2050.

Du seul fait de sa croissance plus rapide que le reste du monde, la place de la Chine s'élargit. Mais aux effets de la croissance en volume s'ajouteront les effets de l'appréciation de la monnaie chinoise. En effet, le taux de change de la Chine en 2005 est notoirement sous-évalué, sans doute plus fortement que celui de la plupart des pays en développement, et une croissance rapide s'accompagne généralement de l'appréciation du taux de change, qui contribue à accélérer le rattrapage. La combinaison de ces deux effets permet d'estimer la contribution de la Chine au PIB mondial et son rang à l'horizon 2020 et 2050, aux taux de change de ces années [Poncet, 2006]. Son poids dans le PIB mondial doublerait entre 2005 et 2020 (passant de 6 % à 11 %) et elle aurait alors pratiquement rattrapé le Japon. Entre 2020 et 2050, son poids doublerait encore (atteignant 22 %), la plaçant juste derrière les États-Unis. Ce processus de rattrapage signifiera une très forte amélioration du niveau de vie des Chinois : le revenu par tête y serait multiplié par quatorze entre 2005 et 2050 et il serait alors comparable à celui des pays d'Europe occidentale actuellement. À cet horizon, le revenu par habitant en Chine serait alors le tiers de celui de la France, de l'Allemagne ou du Japon et près d'un cinquième de celui des États-Unis. D'autres études [Goldman Sachs, 2003] prévoient que le rattrapage de la Chine se fera beaucoup plus vite et qu'elle aura, par sa taille, dépassé les États-Unis dès 2045 et que, à cette date, le niveau de vie des Chinois sera équivalent au tiers de celui des Américains.

Conclusion

Au début du XXIe siècle, la montée de la Chine, derrière laquelle se profile celle de l'Inde, dessine un monde où la place des pays riches se réduit au profit de celle des grandes économies émergentes et rappelle que, jusqu'au début du XIXe siècle, l'Inde et la Chine dominaient l'économie mondiale, tout en ayant un moindre revenu par tête que la plupart des pays européens. La comparaison entre les deux pays s'impose naturellement en raison de leur taille démographique mais aussi de leur histoire, puisqu'ils ont tous les deux manqué la révolution industrielle du XIXe siècle. Leur réémergence actuelle s'appuie sur leur volonté de renouer avec une grandeur passée et les deux pays parient sur une insertion dans l'économie mondiale à laquelle ils avaient tourné le dos pendant des décennies. L'abondance et surtout la qualité de leur main-d'œuvre leur ont permis de se tailler une place de premier plan dans les échanges internationaux, l'Inde de services, la Chine de produits manufacturés. Partie prenante de la mondialisation, ils se plient aux règles du commerce international mais ils auront aussi de plus en plus la capacité de les influencer.

L'émergence d'une nouvelle puissance a des effets déstabilisateurs sur les relations internationales et la Chine tente d'apaiser les craintes que suscite son ascension économique et commerciale en invoquant sa « montée en puissance pacifique ». Pour relever les défis que représentent son approvisionnement énergétique et son rattrapage technologique, elle a besoin d'un environnement extérieur stable et de partenaires coopératifs. Mais les sources de conflits politiques existent.

Bien des incertitudes planent aussi sur les développements internes, sur la consolidation du colosse aux pieds d'argile qu'est le système financier, sur la gouvernance des grands groupes chinois qui émergent et, d'une manière générale, sur les effets déstabilisateurs des mutations économiques et sociales en cours. Enfin, la réussite chinoise des vingt-cinq dernières années a certes mis en évidence la remarquable capacité des acteurs à trouver des réponses inédites, mais il reste à prouver que la diversification des groupes d'intérêts dans une société prospère est compatible avec le maintien du monopole du pouvoir politique.

Repères bibliographiques

Ouvrages et rapports

ADB (Asian Development Bank) (2006), *Asian Develoment Outlook*, 2006.

ASIE 21-FUTURIBLES (2006), *La Chine à l'horizon 2020*, L'Harmattan, Paris.

ATTANÉ I. (dir.) (2002), *La Chine au seuil du XXe siècle. Questions de population, questions de société*, Les Cahiers de l'INED.

— (2005), *Une Chine sans femmes*, Perrin, Paris.

AUBERT C., CABESTAN J.-P. et LEMOINE F. (1996), « La Chine après Deng », *Revue Tiers-Monde*, tome XXXVII, n° 147, juillet-septembre.

AUBERT C. *et al.* (1999), *La Chine et les Chinois de la diaspora*, CNES-SEDES, Paris.

BANNISTER J. (2005), *Manufacturing Employment and Compensation in China*, www.bls.gov/fls/chinereport.pdf.

BANQUE MONDIALE (1997), *China 2020. Development Challenges In The New Century*.

— (2003), *China : Fromating Growth with Equity*, document de la Banque mondiale, 15 octobre.

— (2004), *China and the WTO : Acession, Policy Reform and Poverty Reduction Strategy*, World Bank, Washington/Oxford University Press, Oxford.

BERGÈRE M. C. (2000), *La Chine de 1949 à nos jours*, Armand Colin, Paris.

DAHLMAN C.J. et AUBERT J.-E. (2001), *China and the Knowledge Economy. Seizing the 21st Century*, World Bank Institute, The World Bank, Washington.

Dictionnaire de la Chine contemporaine (2006), Armand Colin, Paris, à paraître.

EIA (Energy Information Administration) (2006), *Annual Energy Outlook 2006*.

FOUQUIN M. et LEMOINE F. (1998), *The Chinese Economy*, Economica, Paris.

GAULIER G., LEMOINE F. et ÜNAL-KESENCI D. (2005), *China's Integration in East Asia : Production Sharing, FDI & High-Tech Trade*, document de travail du CEPII, n° 2005-09, juin, www.cepii.fr.

— (2006), *China's Emergence and the Reorganisation of Trade Flows in Asia*, document de travail du CEPII, n° 2006-05, mars, www.cepii.fr.

GIPOULOUX F. (2005), *La Chine du XXIe siècle : une nouvelle superpuissance ?* Armand Colin, Paris.

GOLDMAN SACHS (2003), « Dreaming with BRICs, the path to 2050 », *in* WILSON D. et PURUSHOTHAMAN R., *Global Economic Papers*, n° 99, 1er octobre.

HUANG Y. (2003), *Selling China. Foreign Direct Investment during the Reform Era*, Cambridge University Press, Cambridge.

LARDY N.R. (1998), *China's Unfinished Economic Revolution*, Brookings Institution Press, Washington.

— (2002), *Integrating China in the World Economy*, Brookings Institution Press, Washington.

LEMOINE F. et ÜNAL-KESENCI D. (2002), *China in the International Segmentation of Production Processes*, document de travail du CEPII, n° 2002-02, mars, www.cepii.fr.

LLOYD P.J. et ZHANG X. (dir.) (2000), *China in the Global Economy*, Edward Elgar, Cheltenham/Northampton.

MADDISON A. (1998), *L'Économie chinoise. Une perspective historique*, Études du Centre de développement, OCDE.

— (2001), *L'Économie mondiale. Une perspective millénaire*, Études du Centre de développement, OCDE.

NAUGHTON B. (1996), *Growing out of the Plan. Chinese Economic Reform 1978-1993*, Cambridge University Press, Cambridge.

NYBERG N. et ROZELLE S. (1999), *Accelerationg China's Rural Transformationt*, The World Bank, Washington.

OCDE (2002), *China in the World Economy. The Domestic Policy Challenges*.

— (2003), *OECD Investment Policy Reviews, China : Progress and Reform Challenges*.

— (2005a), *OECD Economic Survey China*.

— (2005b), *La Gouvernance en Chine*.

— (2006), *Challenges for China's Public Spending. Towards Greater Effectiveness and Equity*.

PNUD (2005), *Rapport mondial sur le développement humain*.

PONCET S. (2006), *Long Term Growth Prospects of the World Economy : horizon 2050*, document de travail du CEPII, www.cepii.fr.

STUDWELL J. (2002), *The China Dream. The Elusive Quest for the Greatest Untapped Market on Earth*, Atlantic Monthly Press, New York.

TENEV S. et CHUNLIN Z. (2002), *Corporate Governance and Entreprise Reforme in China*, World Bank and the International Finance Corporation.

TONG D. D. (2002), *The Heart of Economic Reform : China's Banking Reform and State Entreprise Restructuring*, Ashgate, Burlington.

YUSUF S., ALTAF A. et NABESHIMA K. (2004), *Global Production Networking and Technological Change in East Asia*, World Bank, Washington/Oxford University Press, Oxford.

Numéros spéciaux

Économie internationale (2002), *La Chine dans l'économie mondiale*, n° 92, 4e trimestre.
Revue d'économie financière (2005), *Le devenir financier de la Chine*, n° 77.
Revue ESPRIT (2004), *Vingt-cinq ans de réforme en Chine : révolution économique, conservatisme politique*, février.
Revue Tiers-Monde (2005), *Paysans : mode de survie*, n° 183, tome XVI, juillet.

Sources statistiques

China Statistical Yearbook, Bureau national des statistiques, Pékin.
China's Customs Statistics, édité par la General Administration of Customs of the PRC, publié par l'Economic Information & Agency, Hong Kong.
ONU, World Population Prospects.
Banque mondiale, World Development Indicators.

Revues spécialisées

Perspectives chinoises, revue du Centre d'études français sur la Chine contemporaine, Hong Kong.
The China Quarterly, édité par la School of Oriental and African Studies, Londres.
China Economic Quarterly, publié par Dragonomics Asia, ltd.
China and the World Economy, revue de l'Institut d'économie mondiale, Pékin.
China Economic Review, North-Holland, Elsevier.

Sites Internet

Bureau national des statistiques : http://www.stats.gov.cn/english/index.htm.
Banque centrale : http://www.pbc.gov.cn/english/.
Ministère du Commerce : http://english.mofcom.gov.cn/.

KAZAKHSTAN
RUSSIE
Altay
Karamay
Yining
Urumqi
KIRGHIZSTAN
M O
Qitai
TADJI-
KISTAN
Kashi
(Kashgar)
Aksu
Kuqa
Turpan
Barkol
Shache
(Yarkand)
XINJIANG
Hotan
Yutian
PAKISTAN
Yumen
Jiuquan
Zhangye
QINGHAI
Wuwei
Golmud
Xining
Garyarsa
XIZANG
(RÉGION AUTONOME
DU TIBET)
Yushu
Nagqu
NÉPAL
Xigazê
Lhassa
Chengdu
SICHUAN
I N D E
BHOUTAN
Provinces
Régions autonomes (5)
GUANGXI
MONGOLIE INTÉRIEURE
NINGXIA
XINJIANG
XIZANG (TIBET)
Zones municipales
BEIJING (PÉKIN)
SHANGHAI
TIANJIN
CHONGQING
* Zones économiques spéciales
Kunming
YUNNAN
BIRMANIE
Simao
VIETNAM
LAOS
THAÏLANDE

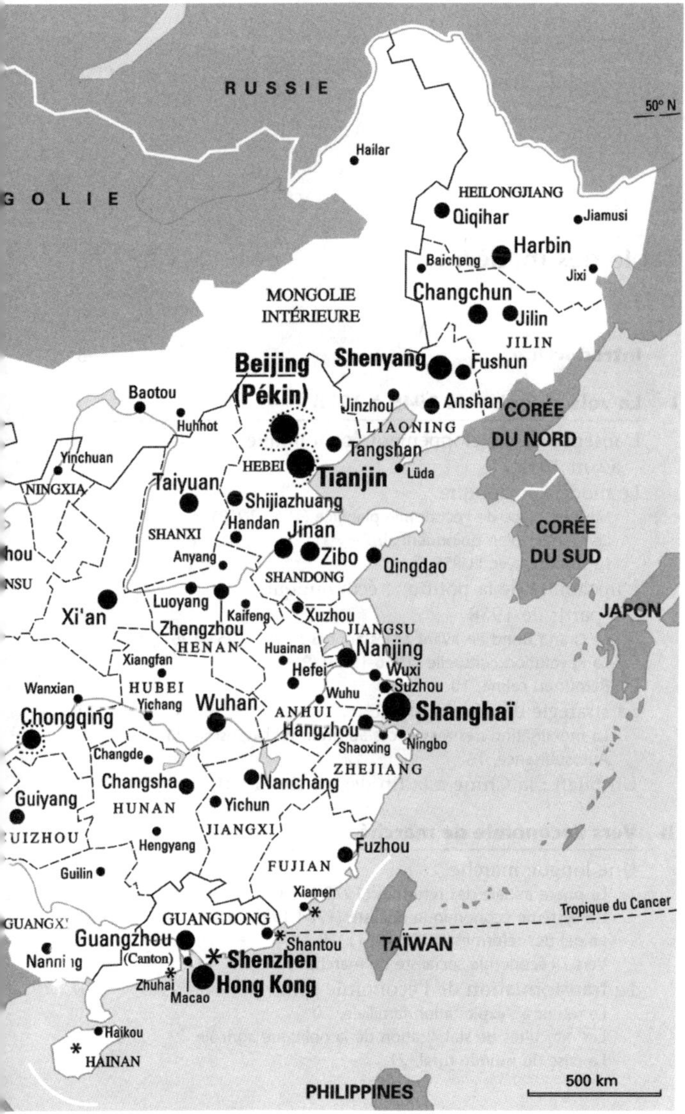
RUSSIE
50° N
GOLIE
Hailar
HEILONGJIANG
Qiqihar
Jiamusi
Harbin
Baicheng
Jixi
MONGOLIE
INTÉRIEURE
Changchun
Jilin
JILIN
Beijing
(Pékin)
Shenyang
Fushun
Baotou
Huhhot
Jinzhou
Anshan
CORÉE
DU NORD
LIAONING
Tangshan
Yinchuan
HEBEI
Tianjin
Lüda
NINGXIA
Taiyuan
Shijiazhuang
Handan
Jinan
SHANXI
CORÉE
DU SUD
hou
Anyang
Zibo
Qingdao
NSU
SHANDONG
Luoyang
Kaifeng
Xi'an
Xuzhou
JAPON
Zhengzhou
JIANGSU
HENAN
Huainan
Nanjing
Xiangfan
Hefei
Wuxi
Suzhou
HUBEI
Wanxian
Wuhu
Yichang
Wuhan
ANHUI
Shanghaï
Chongqing
Hangzhou
Shaoxing
Ningbo
Changde
ZHEJIANG
Changsha
Nanchang
Guiyang
HUNAN
Yichun
UIZHOU
JIANGXI
Hengyang
Fuzhou
Guilin
FUJIAN
Xiamen
Tropique du Cancer
GUANGDONG
GUANGX
Guangzhou
Shantou
TAÏWAN
(Canton)
Shenzhen
Zhuhai
Hong Kong
Macao
Haikou
HAINAN
500 km
PHILIPPINES

Table des matières

Collection

R E P È R E S

dirigée par

JEAN-PAUL PIRIOU (de 1987 à 2004), *puis par* PASCAL COMBEMALE,

avec STÉPHANE BEAUD, ANDRÉ CARTAPANIS, BERNARD COLASSE, FRANÇOISE DREYFUS, YANNICK L'HORTY, PHILIPPE LORINO, DOMINIQUE MERLLIÉ, CHRISTOPHE PROCHASSON, MICHEL RAINELLI et YVES WINKIN.

ÉCONOMIE

France face à la mondialisation (La), n° 248, Anton Brender.

France face aux marchés financiers (La), n° 385, Anton Brender.

Grandes économies européennes (Les), n° 256, Jacques Mazier.

Histoire de l'Europe monétaire, n° 250, Jean-Pierre Patat.

Incertitude dans les théories économiques (L'), n° 379, Nathalie Moureau et Dorothée Rivaud-Danset.

Industrie française (L'), n° 85, Michel Husson et Norbert Holcblat.

Inflation et désinflation, n° 48, Pierre Bezbakh.

Introduction aux théories économiques, n° 262, Françoise Dubœuf.

Introduction à Keynes, n° 258, Pascal Combemale.

Introduction à la macroéconomie, n° 344, Anne Épaulard et Aude Pommeret.

Introduction à la microéconomie, n° 106, Gilles Rotillon.

Introduction à l'économie de Marx, n° 114, Pierre Salama et Tran Hai Hac.

Investisseurs institutionnels (Les), n° 388, Aurélie Boubel et Fabrice Pansard.

FMI (Le), n° 133, Patrick Lenain.

Lexique de sciences économiques et sociales, n° 202, Jean-Paul Piriou.

Libéralisme de Hayek (Le), n° 310, Gilles Dostaler.

Lire l'économétrie, n° 460, Luc Behaghel.

Macroéconomie. Investissement (L'), n° 278, Patrick Villieu.

Macroéconomie. Consommation et épargne, n° 215, Patrick Villieu.

Macroéconomie financière :
1. Finance, croissance et cycles, n° 307 ;
2. Crises financières et régulation monétaire, n° 308, Michel Aglietta.

Marchés du travail en Europe (Les), n° 291, IRES.

Marchés financiers internationaux (Les), n° 396, André Cartapanis.

Mathématiques des modèles dynamiques, n° 325, Sophie Jallais.

Microéconomie des marchés du travail, n° 354, Pierre Cahuc, André Zylberberg.

Modèles productifs (Les), n° 298, Robert Boyer et Michel Freyssenet.

Mondialisation et délocalisation des entreprises, n° 413, El Mouhoub Mouhoud.

Mondialisation et l'emploi (La), n° 343, Jean-Marie Cardebat.

Monnaie et ses mécanismes (La), n° 295, Dominique Plihon.

Multinationales globales (Les), n° 187, Wladimir Andreff.

Mutations de l'emploi en France (Les), n° 432, IRES.

Notion de risque en économie (La), n° 444, Pierre-Charles Pradier.

Nouvelle histoire économique de la France contemporaine :
1. L'économie préindustrielle (1750-1840), n° 125, Jean-Pierre Daviet.
2. L'industrialisation (1830-1914), n° 78, Patrick Verley.
3. L'économie libérale à l'épreuve (1914-1948), n° 232, Alain Leménorel.
4. L'économie ouverte (1948-1990), n° 79, André Gueslin.

Nouvelle économie (La), n° 303, Patrick Artus.

Nouvelle économie chinoise (La), n° 144, Françoise Lemoine.

Nouvelle microéconomie (La), n° 126, Pierre Cahuc.

Nouvelle théorie du commerce international (La), n° 211, Michel Rainelli.

Nouvelles politiques de l'emploi (Les), n° 454, Yannick L'Horty.

Nouvelles théories de la croissance (Les), n° 161, Dominique Guellec et Pierre Ralle.

Nouvelles théories du marché du travail (Les), n° 107, Anne Perrot.

Nouveau capitalisme (Le), n° 370, Dominique Plihon.

Nouveaux indicateurs de richesse (Les), n° 404, Jean Gadrey et Florence Jany-Catrice.

Organisation mondiale du commerce (L'), n° 193, Michel Rainelli.

Paradis fiscaux (Les), n° 448, Christian Chavagneux et Ronen Palan.

Partenariats public-privé (Les), n° 441, F. Marty, S. Trosa et A. Voisin.

Politique de la concurrence (La), n° 339, Emmanuel Combe.

Politiques de l'emploi et du marché du travail (Les), n° 373, DARES.

Population française (La), n° 75, Jacques Vallin.

Population mondiale (La), n° 45, Jacques Vallin.

Produits financiers dérivés, n° 422, Yves Jégourel.

Protection sociale (La), n° 72, Numa Murard.

Protectionnisme (Le), n° 322, Bernard Guillochon.

Qualité de l'emploi (La), n° 456, CEE.

Quel avenir pour nos retraites ? n° 289, Gaël Dupont et Henri Sterdyniak.

Régionalisation de l'économie mondiale (La), n° 288, Jean-Marc Siroën.

Revenu minimum garanti (Le), n° 98, Chantal Euzéby.

Revenus en France (Les), n° 69, Yves Chassard et Pierre Concialdi.

Socio-économie des services, n° 369, Jean Gadrey.

Système monétaire international (Le), n° 97, Michel Lelart.

Taux de change (Les), n° 103, Dominique Plihon.

Taux d'intérêt (Les), n° 251, A. Bénassy-Quéré, L. Boone et V. Coudert.

Taxe Tobin (La), n° 337, Yves Jegourel.

Théorie de la régulation (La), n° 395, Robert Boyer.

Théorie économique néoclassique (La) :
1. Microéconomie, n° 275,
2. Macroéconomie, n° 276, Bernard Guerrien.

Théories de la monnaie (Les), n° 226, Anne Lavigne et Jean-Paul Pollin.

Théories des crises économiques (Les), n° 56, Bernard Rosier et Pierre Dockès.

Théories du salaire (Les), n° 138, Bénédicte Reynaud.

Théories économiques du développement (Les), n° 108, Elsa Assidon.

Travail des enfants dans le monde (Le), n° 265, Bénédicte Manier.

Travail et emploi en Europe, n° 417, John Morley, Terry Ward et Andrew Watt.

Urbanisation du monde (L'), n° 447, Jacques Véron.

Classiques

R E P È R E S

La formation du couple. *Textes essentiels pour la sociologie de la famille*, Michel Bozon et François Héran.

Un sociologue à l'usine, Donald Roy.

Dictionnaires

R E P È R E S

Dictionnaire de gestion, Élie Cohen.

Dictionnaire d'analyse économique, *microéconomie, macroéconomie, théorie des jeux, etc.*, Bernard Guerrien.

Guides

R E P È R E S

L'art de la thèse. *Comment préparer et rédiger un mémoire de master, une thèse de doctorat ou tout autre travail universitaire à l'ère du Net*, Michel Beaud.

Comment se fait l'histoire. *Pratiques et enjeux*, François Cadiou, Clarisse Coulomb, Anne Lemonde et Yves Santamaria.

La comparaison dans les sciences sociales. *Pratiques et méthodes*, Cécile Vigour.

Les ficelles du métier. *Comment conduire sa recherche en sciences sociales*, Howard S. Becker.

Guide de l'enquête de terrain, Stéphane Beaud et Florence Weber.

Guide des méthodes de l'archéologie, Jean-Paul Demoule, François Giligny, Anne Lehoërff et Alain Schnapp.

Guide du stage en entreprise, Michel Villette.

Manuel de journalisme. *Écrire pour le journal*, Yves Agnès.

Voir, comprendre, analyser les images, Laurent Gervereau.

Manuels

R E P È R E S

Comprendre le monde. *Une introduction à l'analyse des systèmes-monde*, Immanuel Wallerstein.

Analyse macroéconomique 1.

Analyse macroéconomique 2. 17 auteurs sous la direction de Jean-Olivier Hairault.

L'explosion de la communication. *Introduction aux théories et aux pratiques de la communication*, Philippe Breton et Serge Proulx.

Une histoire de la comptabilité nationale, André Vanoli.

Histoire de la psychologie en France. XIXe-XXe siècles, J. Carroy, A. Ohayon et R. Plas.

La mondialisation de l'économie. *Genèse et problèmes*, Jacques Adda.

Composition Facompo, Lisieux (Calvados)
Achevé d'imprimer en septembre 2006 sur les presses de l'imprimerie Europe Media Duplication à Lassay-les-Châteaux (Mayenne)
Dépôt légal : septembre 2006
N° de dossier : 15720

Imprimé en France